Preface

어렵다고 하는 IT!

신 개념의 IT 교재인 Nwe My Love 시리즈는 독자 여러분에게 보다 쉽고도 친근하게 다가갈 수 있도록 정성을 다했습니다.

실습 위주의 따라하기 구성

기본 기능 및 실무에서 꼭 필요한 예제 중심으로 실습 체계를 구성하여 누구나 쉽게 따라하면서 경험을 쌓을 수 있도록 하였습니다.

베테랑 교사들의 알찬 노하우 수록

일선에서 강의하면서 학생들의 집중적인 질문을 받았던 핵심 사항들을 'Tip', '알아두기' 코너를 만들어 담아놓아 학습 능률을 배가시켰습니다.

시원하고 미려한 디자인

학습 능률을 UP시킬 수 있도록 시원한 디자인과 글꼴 크기를 키웠습니다.

한달 단위로 마스터하도록 구성

전체 17단원으로 나누어 한달 단위 교육 커리큘럼에 맞추어 학습을 진행할 수 있도록 하였습니다.

스스로 해보는 풍부한 문제 수록

각 단원이 끝날 때마다 난이도 별로 기초 문제와 심화 문제로 분류한 문제를 수록하여 학습 이해도 및 응용 능력을 키울 수 있도록 하였습니다.

홈페이지에서 자료 다운로드

본 교재에 사용된 각종 예제 및 결과 파일들은 교학사 홈페이지(www.kyohak.co.kr)–[IT/기술/수험서]–[도서자료]–[뉴마이러브]에서 다운받아 실습에 사용할 수 있습니다.

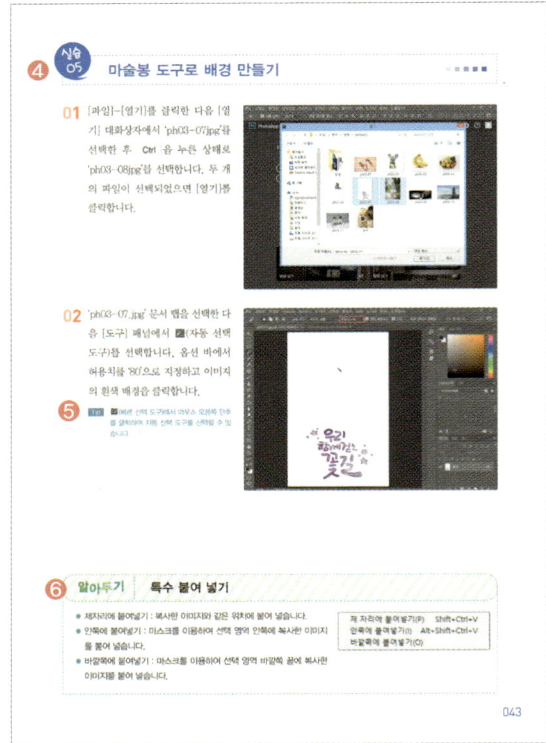

❶ 섹션 설명 : 섹션에서 다룰 내용에 대한 전체적인 개념을 설명합니다. 본문에 대한 이해도를 높이기 위한 코너이므로 꼭 읽어주세요.

❷ 완성파일 미리보기 : 섹션에서 만들어볼 결과를 '핵심 기능'과 함께 미리 보여주어 전체적인 흐름을 잡을 수 있습니다.

❸ 체크포인트 : 섹션에서 배울 내용 중에 액기스만을 모아 한눈에 들어올 수 있도록 간단 명료하게 정돈해 놓았습니다.

❹ 실습 : 하나의 섹션에는 하나 이상의 따라하기식 실습 과제가 나타납니다. 실제로 만들어가는 과정을 하나하나 따라해가다 보면 쉽게 기능을 이해할 수 있을 것입니다.

샘플 예제

New My Love 시리즈의 예제 파일 및 결과 파일은 교학사 홈페이지(www.kyohak.co.kr)에서 다운 받으실 수 있습니다.

➜ [IT/기술/수험서]에 마우스 커서를 올려놓은 후 [도서자료] 클릭합니다.

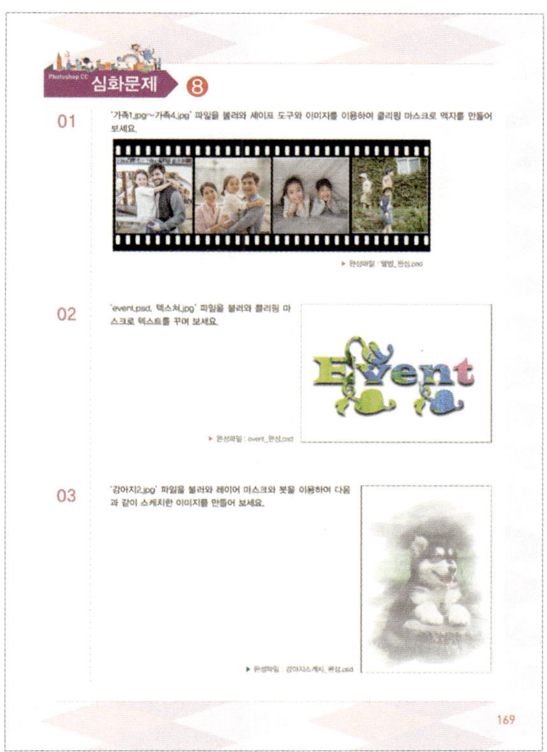

❺ **Tip :** 실습을 따라하면서 꼭 기억해 두어야할 핵심 사항이나 주의해야 할 부분, 즉 학생들의 집중적인 질문을 받았던 내용들을 수록하여 이해도를 높이도록 해줍니다.

❻ **알아두기 :** 실습에서 다루지는 않았지만 알아두면 큰 도움이 될 내용이나 좀더 고급적인 기능들을 담았습니다.

❼ **기초문제 :** 하나의 섹션을 끝낸 후 스스로 풀어볼 수 있는 문제를 담아 배운 기능을 복습할 수 있도록 하였습니다.

❽ **심화문제 :** 기초문제가 끝난 후 좀더 난이도가 높은 문제를 풀면서 응용 능력을 키우도록 하였습니다.

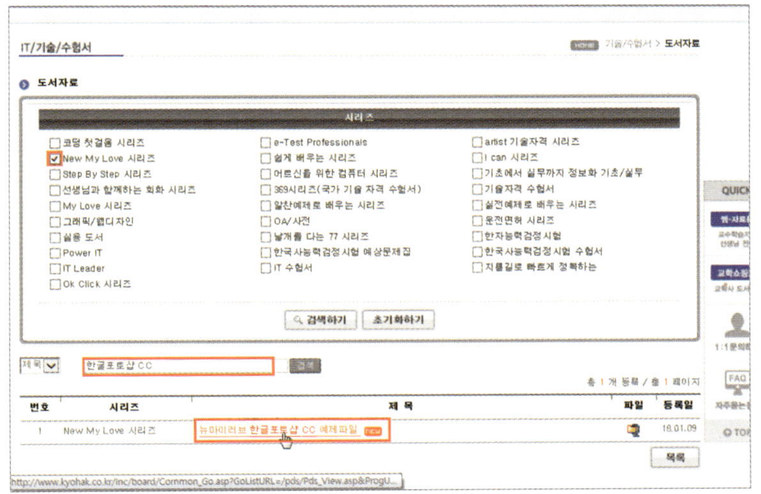

➡ New My Love 시리즈에 체크표시 합니다.

➡ 검색란에 한글포토샵 CC를 입력합니다.

➡ 해당 도서명의 게시물을 클릭하여 첨부파일을 다운 받습니다.

➡ 다운받은 후 압축 프로그램을 이용하여 압축을 풀어 사용합니다.

Contents

Contents

01 포토샵 기본 익히기

SECTION

포토샵 CC 2017의 화면 구성과 다양한 도구 박스에 대해 알아보고, 이미지 크기와 캔버스 크기를 조절하는 방법에 대해 알아보겠습니다.

PREVIEW

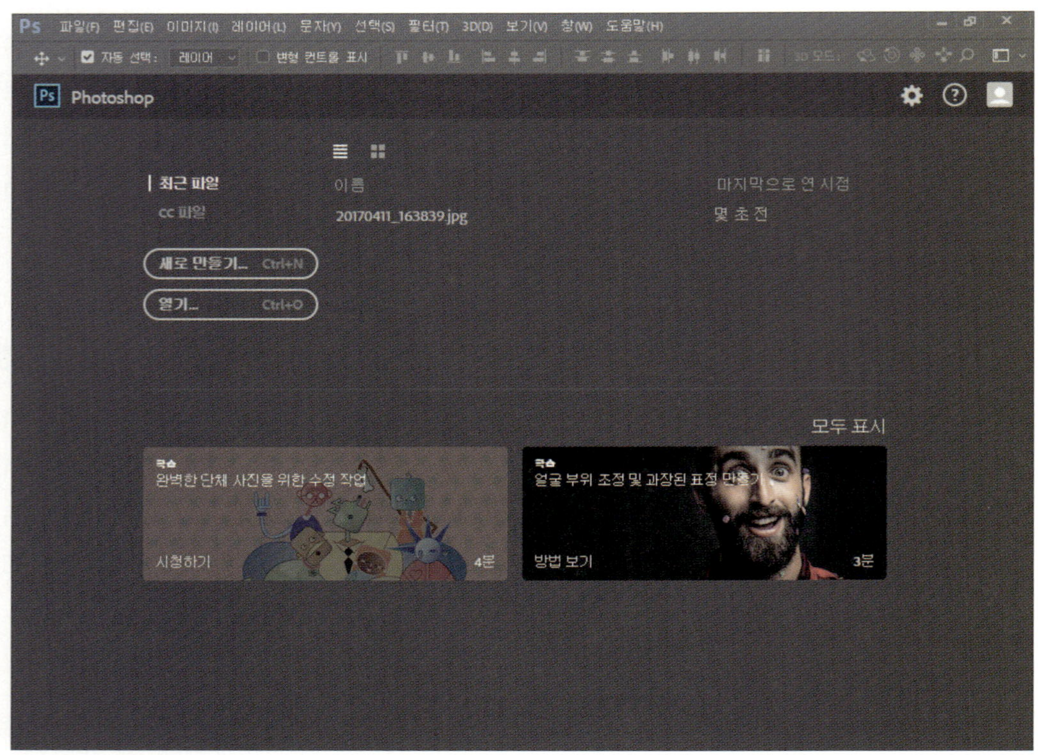

학습내용

실습 01 이미지 불러오기

실습 02 이미지 확대/축소하기

실습 03 회전 보기 도구로 이미지 회전시켜 보기

실습 04 웹용으로 이미지 저장하기

체크포인트

- [파일]–[열기]로 이미지를 불러올 수 있습니다.
- 불러온 이미지의 정보를 알 수 있습니다.
- 돋보기 도구와 손 도구로 화면을 확대/축소할 수 있습니다.
- 회전보기 도구로 이미지를 회전할 수 있습니다.
- 웹용으로 이미지의 용량을 줄여 저장할 수 있습니다.

포토샵 CC 화면 구성 살펴보기

❶ 메뉴 표시줄 : 포토샵에서 이미지 작업을 하기 위한 기능을 모아 놓은 곳입니다.

❷ 옵션 바 : 선택한 도구의 작업을 세밀하게 하기 위해 옵션을 조절할 수 있습니다.

❸ [도구] 패널 : 작업을 하기 위한 도구를 아이콘으로 표시해 놓은 도구 모음입니다. 아이콘의 오른쪽 하단의 검은색 삼
각형은 비슷한 기능의 도구들이 숨겨져 있다는 의미이며, 마우스 오른쪽 단추를 클릭하면 숨겨진 도구가 나타납니다.

❹ 문서 탭 : 저장된 파일을 불러왔을 때 파일의 이름과 화면 확대 비율, 색상 모드가 표시됩니다.

❺ 캔버스 : 포토샵에서 이미지 편집 작업이 이루어지는 곳입니다.

❻ 패널 : 이미지 작업에 필요한 옵션이 팔레트 형태로 표시됩니다.

도구 종류	도구 설명
⊕ 이동 도구 V **대지 도구 V**	• **이동 도구** : 이미지를 드래그하여 이동시킬 수 있습니다. • **대지 도구** : 모바일 이미지를 위한 아트보드를 만들 때 사용합니다.
⬚ 사각형 선택 윤곽 도구 M **○ 원형 선택 윤곽 도구 M** **단일 행 선택 윤곽 도구** **단일 열 선택 윤곽 도구**	• **사각형 선택 윤곽 도구** : 이미지의 특정 부분을 사각형 영역으로 선택할 수 있습니다. • **원형 선택 윤곽 도구** : 이미지의 특정 부분을 원형 영역으로 선택할 수 있습니다. • **단일 행 선택 윤곽 도구** : 가로 방향으로 1픽셀 영역을 선택할 수 있습니다. • **단일 열 선택 윤곽 도구** : 세로 방향으로 1픽셀 영역을 선택할 수 있습니다.
○ 올가미 도구 L **다각형 올가미 도구 L** **자석 올가미 도구 L**	• **올가미 도구** : 이미지에서 원하는 부분을 마우스로 드래그하여 선택할 수 있습니다. • **다각형 올가미 도구** : 이미지에서 원하는 부분을 다각형 형태로 선택할 수 있습니다. • **자석 올가미 도구** : 이미지의 특정 영역의 경계선을 따라 영역을 지정할 수 있습니다.
○ 빠른 선택 도구 W **자동 선택 도구 W**	• **빠른 선택 도구** : 마우스로 클릭하거나 드래그하여 선택할 수 있습니다. • **자동 선택 도구** : 마우스로 클릭한 부분을 기준으로 비슷한 색상의 영역이 선택됩니다.
자르기 도구 C **원근 자르기 도구 C** **분할 영역 도구 C** **분할 영역 선택 도구 C**	• **자르기 도구** : 이미지에서 원하는 부분을 자를 수 있습니다. • **원근 자르기 도구** : 이미지를 원근감 있게 자를 수 있습니다. • **분할 영역 도구** : 이미지를 분할할 수 있습니다. • **분할 영역 선택 도구** : 분할한 이미지를 선택할 수 있습니다.
스포이드 도구 I **3D 재질 스포이드 도구 I** **색상 샘플러 도구 I** **눈금자 도구 I** **메모 도구 I** **1₂3 카운트 도구 I**	• **스포이드 도구** : 이미지에서 원하는 부분의 색상을 추출합니다. • **3D 재질 스포이드 도구** : 3D 입체 개체에서 색상을 추출합니다. • **색상 샘플러 도구** : 이미지의 특정 부분을 클릭하면 해당 부분의 색상 정보 패널이 나타납니다. • **눈금자 도구** : 이미지에서 원하는 부분의 높이나 길이, 면적 등을 측정할 수 있습니다. • **메모 도구** : 메모를 삽입할 수 있습니다. • **123 카운트 도구** : 개체의 개수를 셀 때 사용합니다.
스팟 복구 브러시 도구 J **복구 브러시 도구 J** **패치 도구 J** **내용 인식 이동 도구 J** **적목 현상 도구 J**	• **스팟 복구 브러시 도구** : 주변의 색상을 감지하여 원하는 부분을 유사하게 만들어 줍니다. • **복구 브러시 도구** : ⎡Alt⎤를 누른 상태로 특정 부분를 클릭한 후 다른 영역을 클릭하면 복사한 영역으로 해당 영역이 채워집니다. • **패치 도구** : 수정하고자 하는 부분을 영역으로 설정한 후 드래그하면 선택 영역이 드래그한 영역으로 복제됩니다. • **내용 인식 이동 도구** : 이미지의 특정 부분을 이동시킬 수 있습니다. • **적목 현상 도구** : 눈동자가 빨갛게 된 적목 현상을 제거합니다.

도구 종류	도구 설명
■ 브러시 도구 B 연필 도구 B 색상 대체 도구 B 혼합 브러시 도구 B	• **브러시 도구** : 붓과 같은 기능으로 마우스를 드래그하여 칠할 수 있습니다. • **연필 도구** : 마우스로 드래그하여 연필로 그림을 그리는 듯한 터치를 할 때 사용합니다. • **색상 대체 도구** : 색을 변경할 때 사용합니다. • **혼합 브러시 도구** : 색상을 혼합하여 칠을 할 수 있습니다.
■ 복제 도장 도구 S 패턴 도장 도구 S	• **복제 도장 도구** : 이미지의 특정한 부분을 다른 곳에 복사할 때 사용합니다. • **패턴 도장 도구** : 마우스로 드래그하여 패턴을 적용합니다.
■ 작업 내역 브러시 도구 Y 미술 작업 내역 브러시 도구 Y	• **작업 내역 브러시 도구** : 원본 이미지를 복구합니다. • **미술 작업 내역 브러시 도구** : 회화적인 기법으로 이미지를 복구합니다.
■ 지우개 도구 E 배경 지우개 도구 E 자동 지우개 도구 E	• **지우개 도구** : 이미지를 마우스로 드래그하여 지울 수 있습니다. • **배경 지우개 도구** : 마우스로 드래그한 부분을 투명하게 만듭니다. • **자동 지우개 도구** : 이미지의 특정 부분을 클릭하면 이미지의 특정 부분을 클릭하면 클릭한 부분과 비슷한 색상을 지웁니다.
■ 그레이디언트 도구 G ■ 페인트 통 도구 G 3D 재질 놓기 도구 G	• **그레이디어트 도구** : 한 가지 이상의 색으로 자연스럽게 띠 형태로 태웁니다. • **페인트 통 도구** : 전경색이나 배경색으로 색을 칠할 수 있습니다. • **3D 재질 놓기 도구** : 3D 개체에서 특정 영역을 전경색이나 패턴으로 채웁니다.
■ 흐림 효과 도구 선명 효과 도구 손가락 도구	• **흐림 효과 도구** : 이미지를 드래그하여 흐릿하게 만듭니다. • **선명 효과 도구** : 이미지를 드래그하여 선명하게 만듭니다. • **손가락 도구** : 이미지를 드래그하여 뭉개는 효과를 만듭니다.
■ 닷지 도구 O 번 도구 O 스폰지 도구 O	• **닷지 도구** : 이미지를 드래그하여 밝게 만듭니다. • **번 도구** : 이미지를 드래그하여 어둡게 만듭니다. • **스폰지 도구** : 이미지를 드래그하여 채도를 조절합니다.
■ 펜 도구 P 자유 형태 펜 도구 P 기준점 추가 도구 기준점 삭제 도구 기준점 변환 도구	• **펜 도구** : 패스선 또는 도형을 그릴 때 사용합니다. • **자유 형태 펜 도구** : 마우스로 드래그하는 형태로 패스가 그려집니다. • **기준점 추가 도구** : 그려진 패스에 기준점을 추가합니다. • **기준점 삭제 도구** : 그려진 패스에 기준점을 삭제합니다. • **기준점 변환 도구** : 그려진 패스의 기준점을 변형할 때 사용합니다.
T 수평 문자 도구 T ↓T 세로 문자 도구 T 세로 문자 마스크 도구 T ■ 수평 문자 마스크 도구 T	• **수평 문자 도구** : 가로 방향의 텍스트를 입력합니다. • **세로 문자 도구** : 세로 방향의 텍스트를 입력합니다. • **세로 문자 마스크 도구** : 세로 방향의 텍스트를 선택 영역으로 설정합니다. • **수평 문자 마스크 도구** : 가로 방향의 텍스트를 선택 영역으로 설정합니다.

도구 종류	도구 설명
패스 선택 도구 A 직접 선택 도구 A	• **패스 선택 도구** : 패스 선을 선택할 수 있습니다. • **직접 선택 도구** : 패스의 베지어 곡선과 기준점을 선택할 수 있습니다.
사각형 도구 U 모서리가 둥근 직사각형 도구 U 타원 도구 U 다각형 도구 U 선 도구 U 사용자 정의 모양 도구 U	• **사각형 도구** : 사각형 패스를 만듭니다. • **모서리가 둥근 직사각형 도구** : 모서리가 둥근 직사각형 패스를 만듭니다. • **타원 도구** : 원형 패스를 만듭니다. • **다각형 도구** : 입력한 꼭지점의 개수에 맞는 다각형 패스를 만듭니다. • **선 도구** : 직선 패스를 만듭니다. • **사용자 정의 모양 도구** : 옵션 바에서 선택한 도형 모양의 패스를 만듭니다.
손 도구 H 회전 보기 도구 R	• **손 도구** : 작업 화면 보다 이미지가 클 경우 마우스로 화면을 드래그하면 화면에 보이지 않는 이미지를 볼 수 있습니다. • **회전 보기 도구** : 작업 화면을 회전 시킵니다.
(돋보기 도구)	• **돋보기 도구** : 화면을 확대 또는 축소합니다.
(도구 모음 편집)	• **도구 모음 편집** : 자주 사용하는 도구만 [도구] 패널에 등록시킬 수 있습니다.
(기본 전경색과 배경색)	• **기본 전경색과 배경색** : 전경색은 검정, 배경색은 흰색으로 설정합니다.
(전경색 설정 / 배경색 설정)	• **전경색 설정 / 배경색 설정** : 전경색과 배경색을 변경할 수 있습니다.
(빠른 마스크 모드로 편집)	• **빠른 마스크 모드로 편집** : 이미지의 특정 부분을 좀 더 편리하게 설정할 수 있도록 빠른 마스크 모드로 전환시킬 수 있습니다.
표준 화면 모드 F 메뉴 막대가 있는 전체 화면 모드 F 전체 화면 모드 F	• **화면 모드 전환** : 표준 화면 모드, 메뉴 막대가 있는 전체 화면 모드, 전체 화면 모드로 화면 모드를 변경할 수 있습니다.

이미지 불러오기

01 윈도우 시작 단추를 클릭하여 [모든 프로그램]-[Adobe Photoshop CC]를 클릭합니다. 포토샵 CC 2017이 실행되면 저장되어 있는 이미지를 불러오기 위해 [열기]를 클릭합니다.

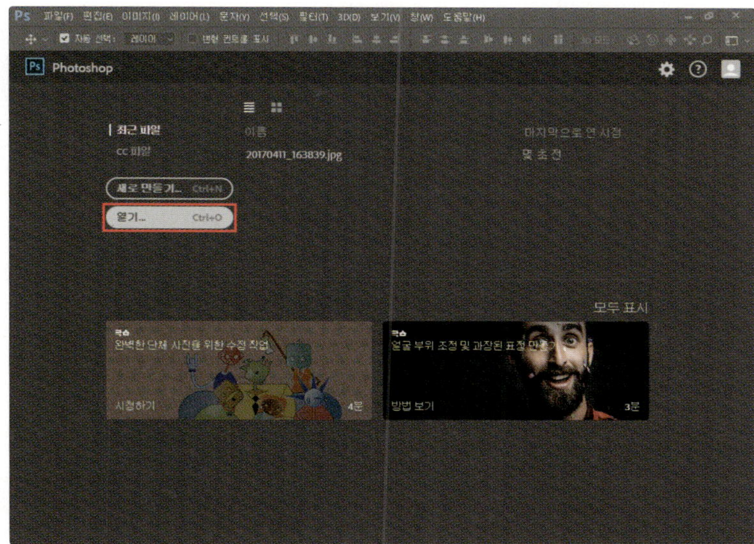

02 [열기] 대화상자에서 'sample₩section01₩ph01-01.jpg' 파일을 선택한 다음 [열기]를 클릭합니다.

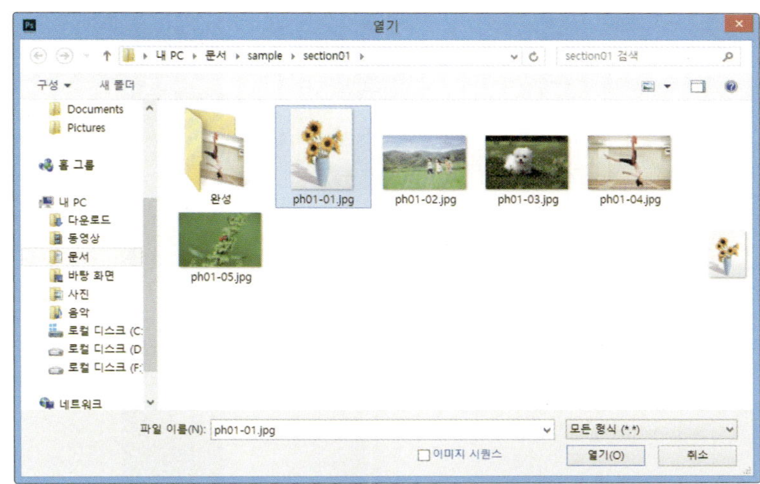

03 다음과 같이 이미지가 화면에 표시됩니다. 열린 이미지 창을 닫기 위해 ph01-01.jpg 문서의 닫기(X)를 클릭합니다.

이미지 확대/ 축소하기

01 [파일]-[열기]를 클릭한 후 [열기] 대화상자에서 'ph01-01.jpg' 파일을 선택한 후 [열기]를 클릭합니다.

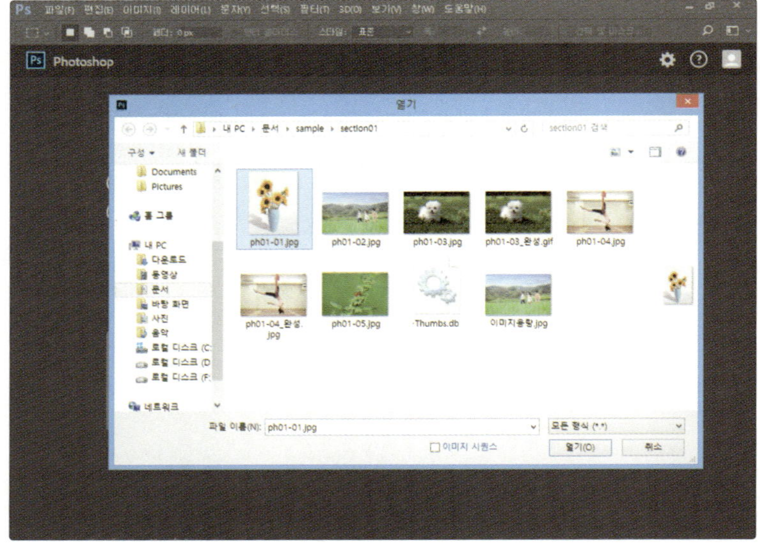

02 화면에 불러온 이미지 아래 상태 표시줄에 불러온 이미지의 화면 비율과 파일 용량을 확인할 수 있습니다. 이미지를 확인하기 위해 [도구] 패널에서 🔍(돋보기 도구)를 선택합니다.

03 마우스 포인터가 돋보기 모양으로 바뀌면 이미지를 클릭합니다. 이미지를 클릭할 때마다 화면이 100%씩 확대됩니다.

04 화면을 이동시키기 위해 (손 도구)를 클릭한 다음 이미지를 오른쪽으로 드래그하면 화면이 이동됩니다.

> **Tip** Space Bar 를 누른 상태로 화면을 드래그하여 이동시킬 수 있습니다.

05 이미지를 축소하기 위해 다시 돋보기 도구를 클릭한 다음 Alt 를 누른 상태로 이미지를 클릭합니다.

> **Tip** 옵션 바에서 (축소)가 선택되어 있는 상태에서는 Alt 를 누른 상태로 이미지를 클릭하면 이미지가 확대됩니다.

06 이미지를 문서창 크기에 맞게 크기를 조절하기 위해 (손 도구)를 더블 클릭합니다.

07 이번에는 이미지의 크기를 100%로 변경하기 위해 🔍(돋보기 도구)를 더블 클릭합니다.

08 돋보기 도구가 선택되어 있는 상태에서 마우스를 오른쪽으로 드래그하면 화면이 오른쪽으로 이동되면서 확대됩니다.

09 다시 왼쪽으로 이미지를 드래그하면 확대된 이미지가 축소됩니다.

10 이미지의 특정 부분을 확대하기 위해 옵션 바에서 '스크러비 확대/축소'의 체크 표시를 해제한 다음 확대하려는 곳을 드래그합니다.

11 드래그한 영역이 확대된 것을 확인할 수 있습니다.

알아두기   돋보기 막대 옵션

❶ 현재 도구 : 설정된 도구의 옵션을 저장하고 불러옵니다.

❷ 확대 : 이미지를 확대합니다.

❸ 축소 : 이미지를 축소합니다.

❹ 창 크기 조정 : 확대/축소 비율에 따라 작업 창의 크기가 자동으로 조절됩니다.

❺ 모든 창 확대/축소 : 열려 있는 모든 창을 확대/축소할 수 있습니다.

❻ 스크러비 확대/축소 : 이미지의 원하는 부분만 마우스로 드래그하여 확대할 수 있습니다.

❼ 100% : 현재 창을 1:1로 확대/축소합니다.

❽ 화면 맞추기 : 이미지가 모두 보이도록 창 크기에 맞추어 확대/축소합니다.

❾ 화면 채우기 : 이미지를 창 크기로 확대합니다.

회전 보기 도구로 이미지 회전시켜 보기

01 [도구] 패널에서 (돋보기 도구)를 더블 클릭하여 화면 비율을 100%로 맞춥니다. (손 도구) 마우스 오른쪽 단추를 클릭하여 (회전 보기 도구)를 클릭합니다

02 마우스로 이미지를 드래그하면 이미지가 회전됩니다.

03 옵션 바에서 회전 각도를 직접 입력하여 이미지를 회전 시킬 수 있으며, [보기 재설정]을 클릭하면 회전 각도가 0°로 설정됩니다.

실습 04 웹용으로 이미지 저장하기

01 [파일]-[열기]를 클릭하여 'ph01-02.jpg' 파일을 불러옵니다. 파일의 용량을 줄여 저장하기 위해 [파일]-[내보내기]-[웹용으로 저장(레거시)]를 클릭합니다.

02 최적화시키기 위해 [2장] 탭을 선택한 다음 아래 이미지를 선택합니다. 파일 포맷 옵션을 'JPEG'로, 압축품질은 '표준'으로 선택합니다. 원본 이미지는 1.9M인데 최적화된 이미지는 58.9K로 용량이 줄어든 것을 확인할 수 있습니다. 이미지를 저장하기 위해 [저장]을 클릭합니다.

> **Tip** [웹용으로 저장] 대화상자에서 [2장] 탭을 클릭하면 원본 이미지와 최적화된 이미지가 분리되어 표시되며, 이미지를 마우스로 드래그하여 이동시킬 수 있습니다.

03 [최적화 다른 이름으로 저장] 대화상자에서 파일 이름을 입력하고 [저장]을 클릭합니다.

01   'ph01-03.jpg' 파일을 불러와 화면을 50%로 확대해 보세요.

02   50%로 확대한 이미지에서 손 도구를 이용하여 강아지 얼굴이 보이도록 이동시켜 보세요.

03   웹용으로 저장해 보세요.

▶ 완성파일 : 강아지.jpg

심화문제

01 'ph01-04.jpg' 파일을 불러와 회전보기 도구를 이용하여 180도 회전시켜 저장해 보세요.

▲ 완성파일 : ph01-04_완성.jpg

02 'ph01-05.jpg' 파일을 불러와 돋보기 도구를 이용하여 무당벌레 부분만 확대해 보세요.

03 확대한 이미지 전체가 보이도록 돋보기 도구의 옵션 바를 이용하여 설정해 보세요.

02
SECTION

이미지 크기와 캔버스 크기 조절하기

용량이 큰 이미지의 크기를 조절할 수 있으며, 노이즈 감소 기능을 이용하여 크기가 작은 이미지의 선명도를 유지하면서 이미지 크기를 크게 설정할 수 있을 뿐만 아니라 캔버스의 크기도 조절할 수 있습니다.

PREVIEW

▲ 완성파일 : ph02-02_완성.jpg

▲ 완성파일 : ph02-03_완성.jpg

학습내용

실습 01 이미지 크기 조절하기

실습 02 작은 이미지 선명하게 크기 조절하기

실습 03 캔버스 크기 조절하기

실습 04 액션으로 이미지 크기 반복 작업하기

실습 05 일괄처리로 이미지 크기 한번에 바꾸기

체크포인트

● 이미지 크기를 조절하여 파일 크기를 줄이 수 있습니다.

● 작은 이미지의 선명도를 유지하면서 이미지 크기를 키울 수 있습니다.

● 캔버스 크기를 조절할 수 있습니다.

이미지 크기 조절하기

01 [파일]-[열기]를 클릭하여 'ph02-01.jpg' 파일을 불러옵니다. 이미지의 크기를 줄이기 위해 [이미지]-[이미지 크기]를 클릭합니다.

02 [이미지 크기] 대화상자에서 폭을 '15 센티미터'로 설정합니다. 높이가 자동으로 '10 센티미터'로 수정되면 [확인]을 클릭합니다.

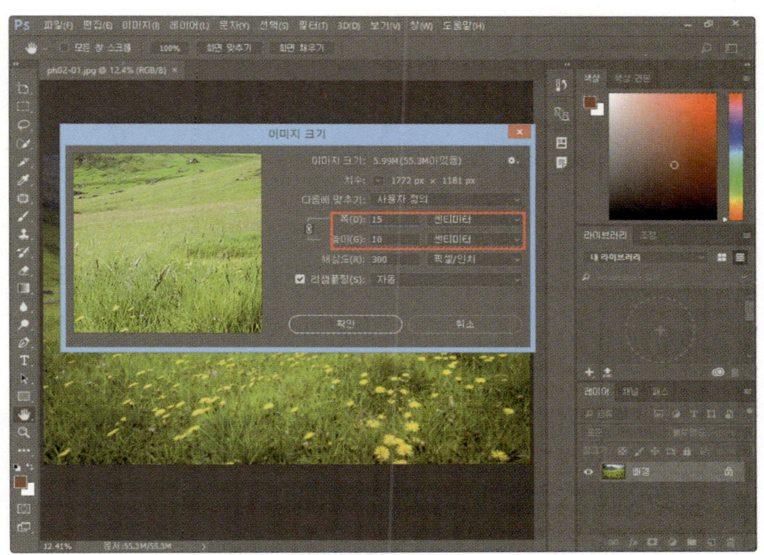

03 다음과 같이 이미지의 크기가 조절된 것을 확인할 수 있습니다.

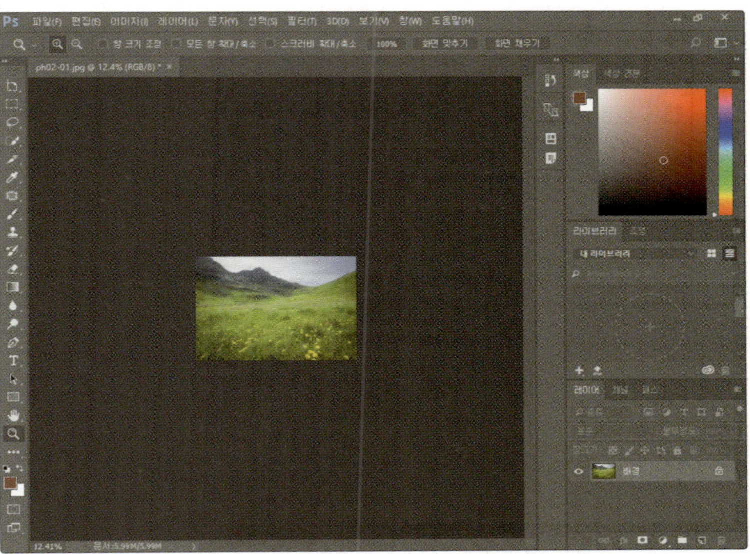

작은 이미지 선명하게 크기 조절하기

01 [파일]-[열기]를 클릭하여 'ph02-02.jpg' 파일을 불러옵니다. 이미지 크기를 키우기 위해 [이미지]-[이미지 크기]를 클릭합니다.

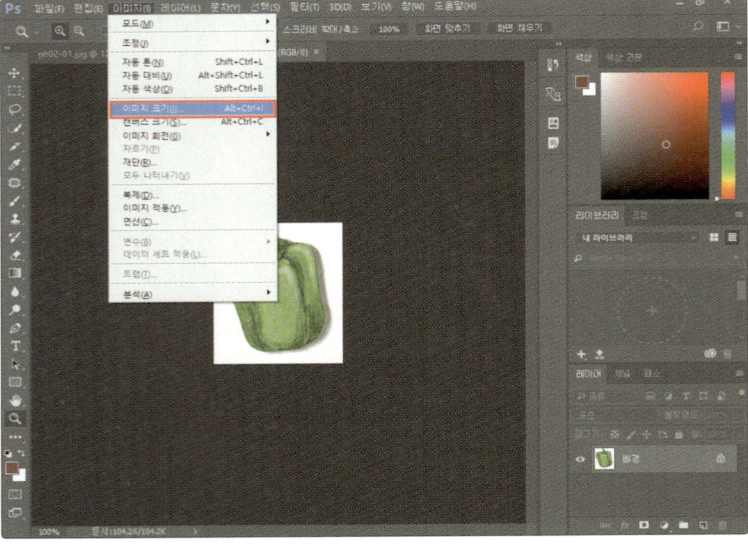

02 [이미지 크기] 대화상자에서 폭을 '4 센티미터'로 설정하면 미리보기 화면에 이미지에 노이즈가 생긴 것을 확인할 수 있습니다. 리샘플링 목록 단추를 클릭하여 '세부 묘사 유지(확대)'를 선택합니다.

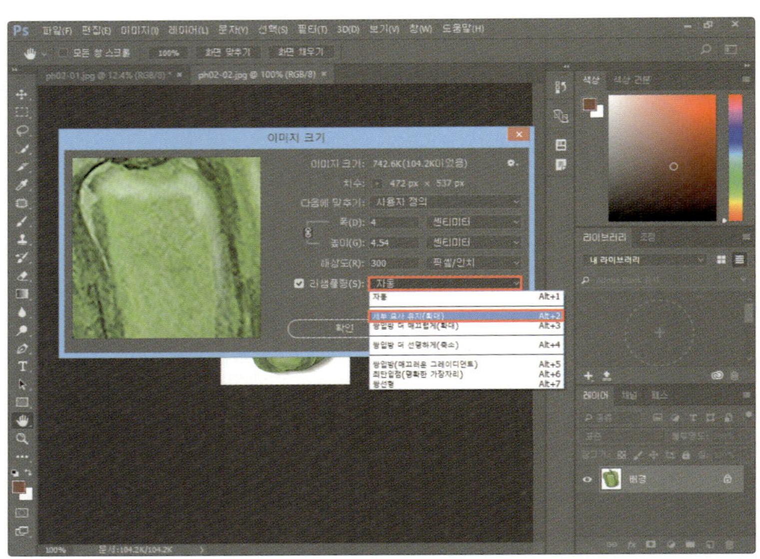

03 노이즈 감소의 값을 '100%'로 설정합니다. 미리보기 화면에 이미지의 노이즈가 감소된 것을 확인한 후 [확인]을 클릭합니다.

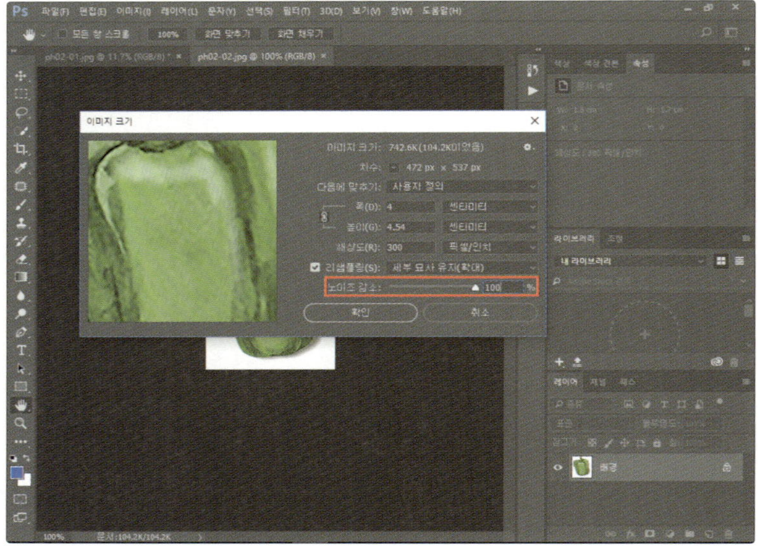

알아두기   [이미지 크기] 대화상자 알아보기

- **이미지 크기** : 현재 이미지 용량이 표시됩니다.
- **치수** : 현재 이미지의 가로와 세로의 크기를 설정할 수 있습니다.
- **다음에 맞추기** : 자주 사용하는 이미지의 크기로 설정할 수 있습니다.
- **폭/높이** : 이미지의 가로와 세로 길이를 설정할 수 있습니다.
- **해상도** : 이미지의 해상도를 변경할 수 있으며 웹용 이미지는 '72 픽셀/인치', 인쇄용은 '150~300 픽셀/인치'로 설정하는 것이 좋습니다.
- **리샘플링** : 이미지의 크기를 변경한 후 새로 만들어지 영역에 채우는 픽셀 방식을 설정할 수 있으며, 리샘플링 옵션을 설정하면 이미지 크기가 커졌을 경우 픽셀이 깨지는 현상을 줄일 수 있습니다.

■ 리샘플링 옵션

자동	Alt+1
세부 묘사 유지(확대)	Alt+2
쌍입방 더 매끄럽게(확대)	Alt+3
쌍입방 더 선명하게(축소)	Alt+4
쌍입방(매끄러운 그레이디언트)	Alt+5
최단입점(명확한 가장자리)	Alt+6
쌍선형	Alt+7

- 자동 : 픽셀 간격을 자동으로 설정합니다.
- 세부 묘사 유지(확대) : 작은 이미지를 키울 경우 세밀하게 픽셀을 채웁니다.
- 쌍입방 더 매끄럽게(확대) : 이미지의 픽셀 간격을 부드럽게 채웁니다.
- 쌍입방 더 선명하게(축소) : 이미지의 픽셀 간격을 선명하게 채웁니다.
- 쌍입방(매끄러운 그레이디언트) : 이미지의 픽셀 간격을 그레이디언트 형태로 채웁니다.
- 최단입점(명확한 가장자리) : 주변 컬러를 기준으로 픽셀을 채웁니다.
- 쌍선형 : 주변 평균 값을 기준으로 픽셀을 채웁니다.

캔버스 크기 조절하기

01 [파일]-[열기]를 클릭하여 'ph02-03.jpg' 파일을 불러옵니다. 캔버스 크기를 조절하기 위해 [이미지]-[캔버스 크기]를 클릭합니다.

02 폭과 높이를 각각 0.3 센티미터씩 늘이기 위해 [캔버스 크기] 대화상자에서 폭은 5.3 센티미터, 높이는 3.64 센티미터로 지정하고 기준을 가운데로 선택한 다음 [확인]을 클릭합니다.

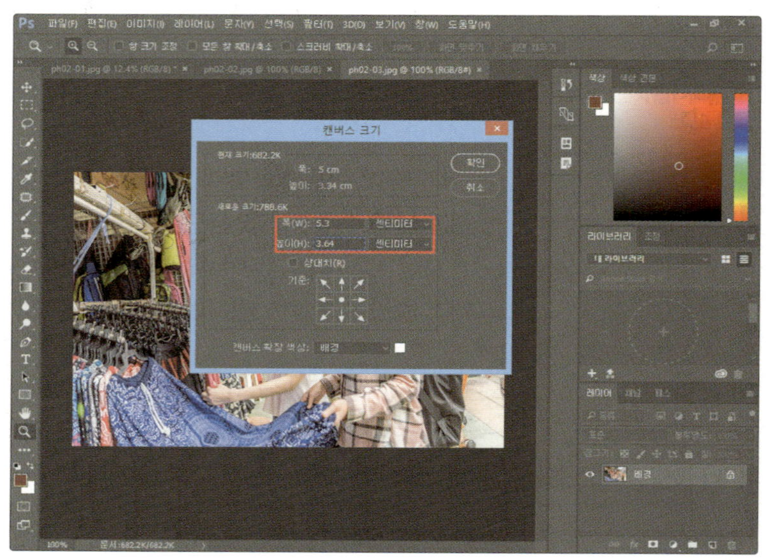

03 다음과 같이 캔버스의 크기가 커진 것을 확인할 수 있습니다.

알아두기　[캔버스 크기] 대화상자 알아보기

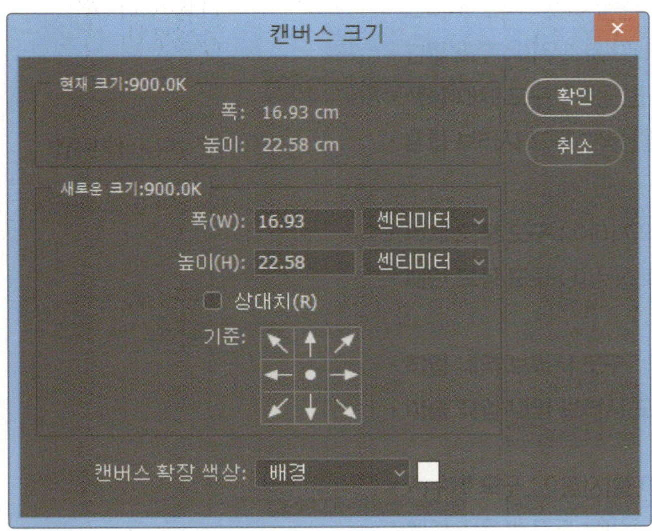

- 현재 크기 : 현재 캔버스 크기와 용량이 표시됩니다.
- 새로운 크기 : 새로운 캔버스의 용량이 표시되며, 캔퍼스 크기를 조절할 수 있습니다.
  - 폭/높이 : 캔버스의 폭과 높이를 조절합니다.
  - 상대치 : 상하좌우 여백 크기를 설정합니다.

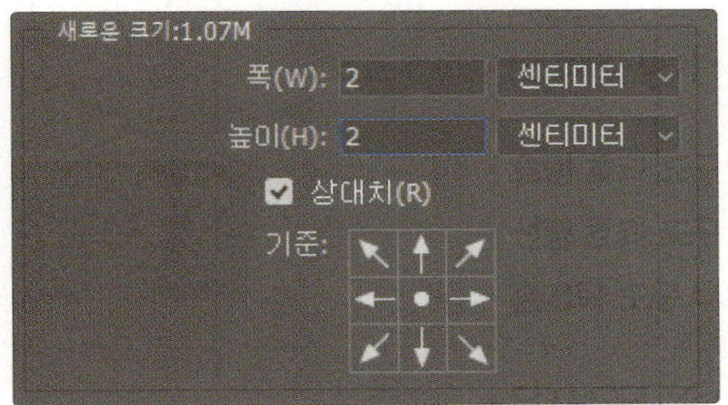

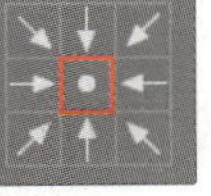
▲ 가운데

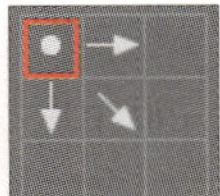
▲ 왼쪽 위

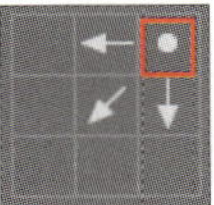
▲ 오른쪽 위

  - 기준 : 캔버스가 확장되는 방향을 설정합니다.
- 캔버스 확장 색상 : 확장된 캔버스 영역에 채울 색상을 설정합니다.

액션으로 이미지 크기 반복 작업하기

01 'ph02-04.jpg' 파일을 불러온 다음 액션 패널을 열기 위해 [창]-[액션]을 클릭합니다.

02 [액션] 패널에서 🔲(새 액션 만들기)를 클릭합니다.

03 [새 액션] 대화상자에서 이름을 '이미지크기'로 입력하고 [기록]을 클릭합니다.

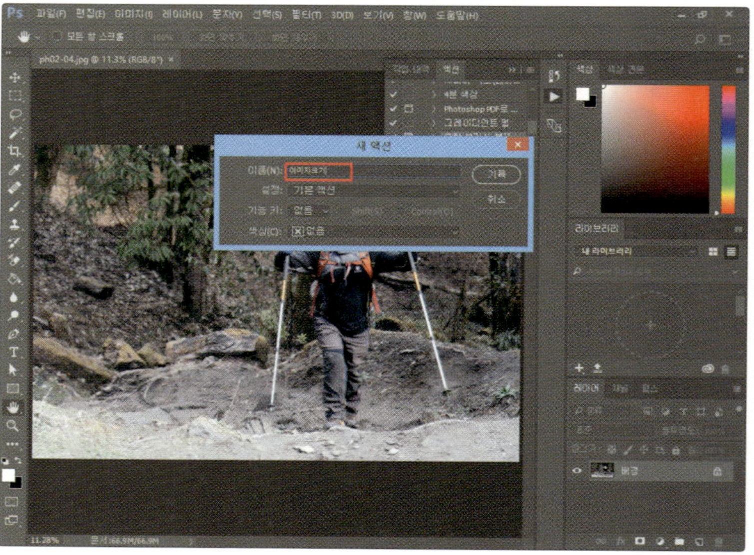

04 [이미지]–[이미지 크기]를 클릭합니다.

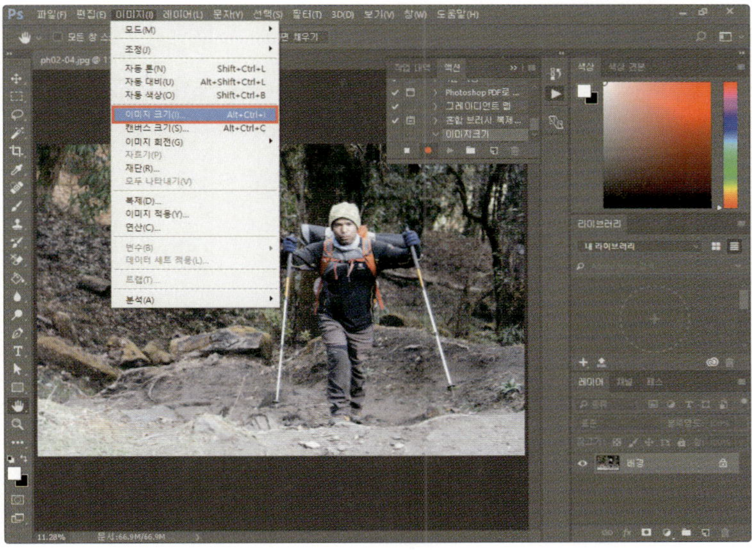

05 [이미지 크기] 대화상자에서 원본 이미지 크기의 15% 크기로 축소하기 위해 이미지 크기의 단위를 '퍼센트'로 변경한 후 폭을 "15"로 입력한 다음 [확인]을 클릭합니다.

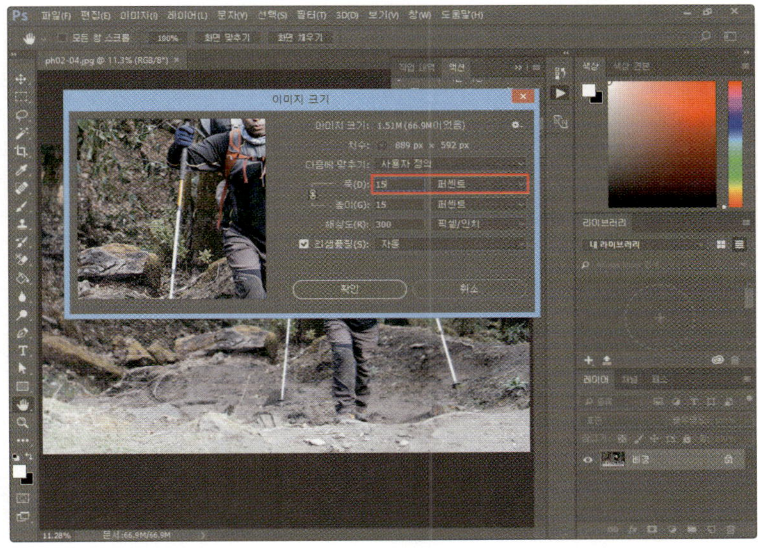

06 이미지 크기가 축소되면 [액션] 패널에서 실행/기록 정지(■) 아이콘을 클릭합니다.

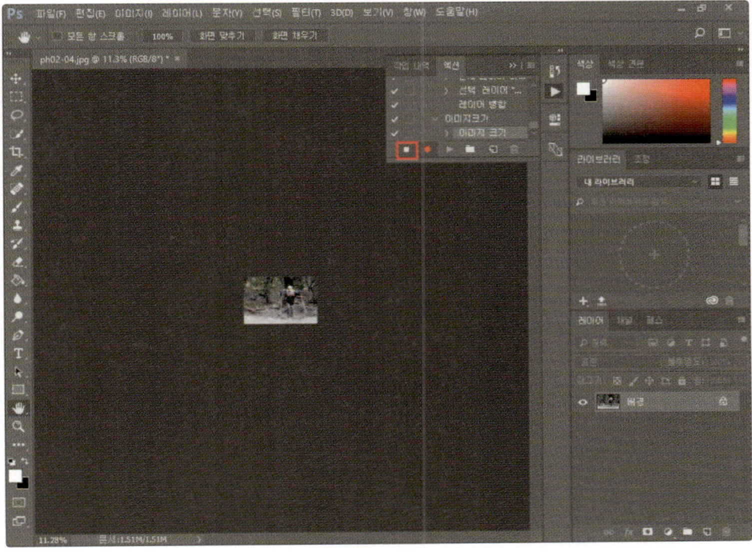

07 [파일]–[열기]를 클릭하여 '운동.jpg' 파일을 불러옵니다. [이미지]–[이미지 크기]를 클릭하여 이미지의 전체 크기를 확인한 후 [확인]을 클릭합니다.

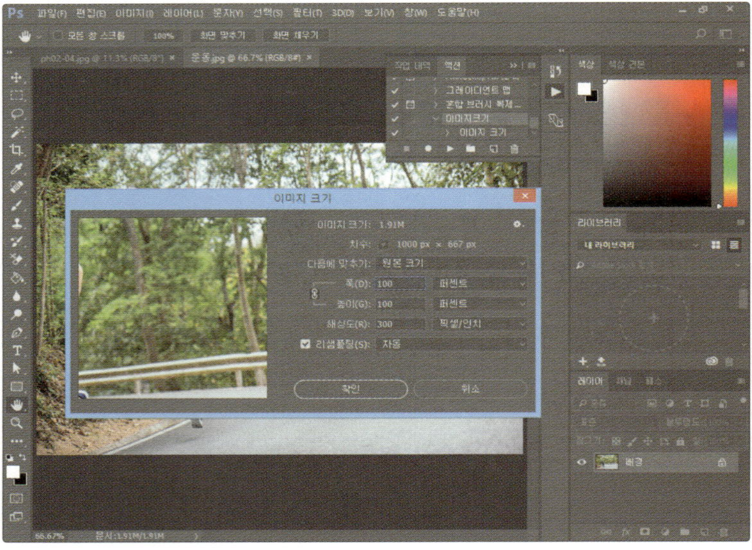

08 [액션] 패널에서 이미지 크기 액션이 선택되어 있는 상태에서 선택 영역 재생(▶) 아이콘을 클릭하면 이미지가 원본 크기의 15%로 축소됩니다.

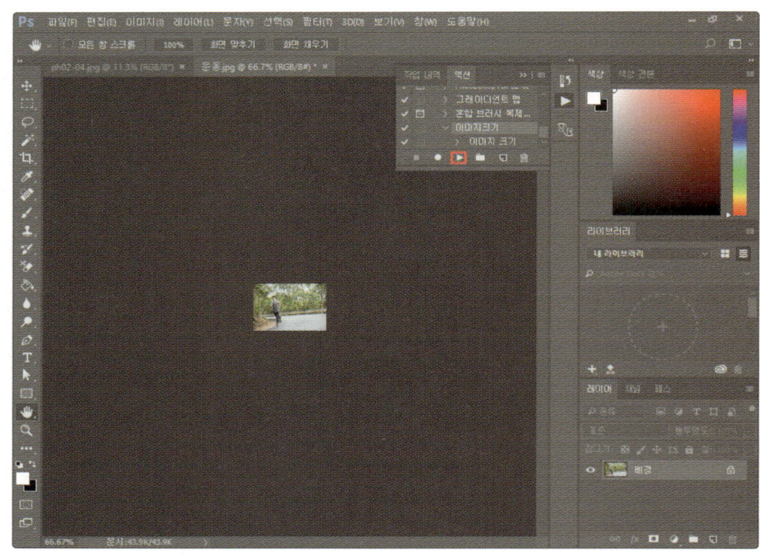

09 [이미지]–[이미지 크기]를 클릭한 다음 [이미지 크기] 대화상자에서 이미지 크기가 1.19M에서 43.9K로 줄어든 것을 확인할 수 있습니다.

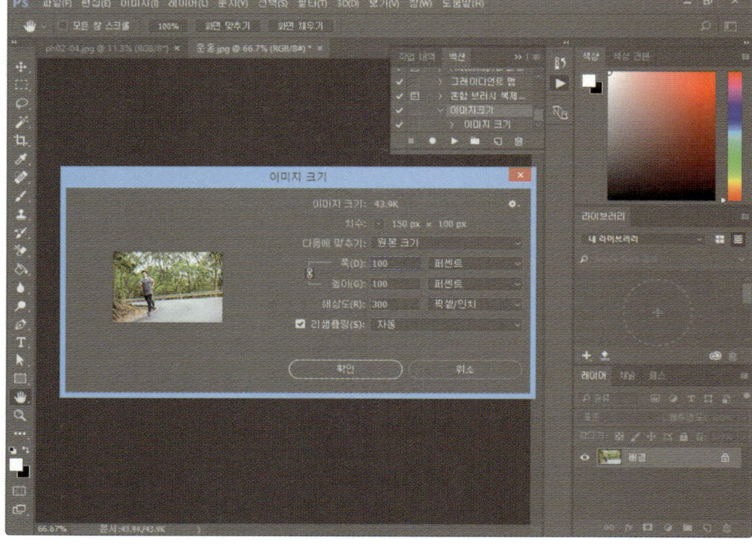

일괄 처리로 이미지 크기 한번에 바꾸기

01 [파일]-[자동화]-[일괄 처리]를 클릭합니다. [일괄 처리] 대화상자에서 액션 목록 단추를 클릭하여 '이미지크기'로 선택한 다음 소스를 '폴더'로 지정합니다. [선택] 단추를 클릭하여 [폴더 찾아보기] 대화상자에서 크기를 조절할 이미지가 저장되어 있는 폴더를 지정하고 [확인]을 클릭합니다.

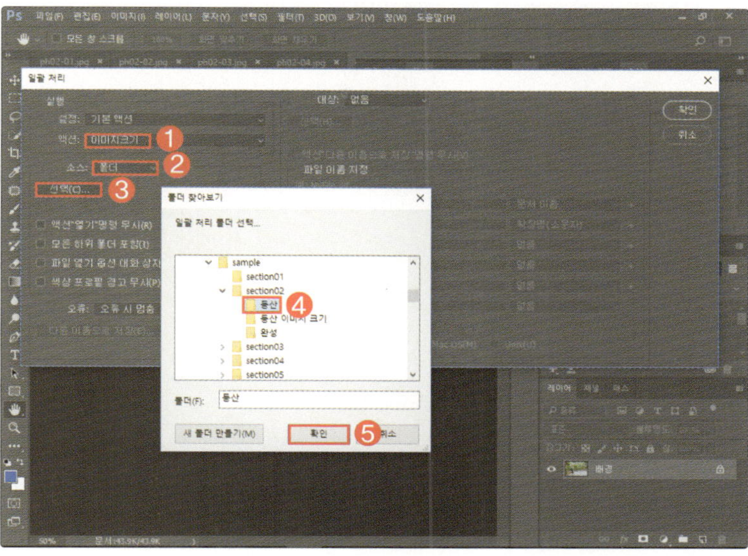

02 액션이 적용될 사진이 저장될 폴더를 지정하기 위해 대상 목록 단추를 클릭하여 '폴더'로 선택합니다. [선택] 단추를 클릭하여 [폴더 찾아보기] 대화상자에서 저장될 폴더를 선택한 후 [확인]을 클릭합니다.

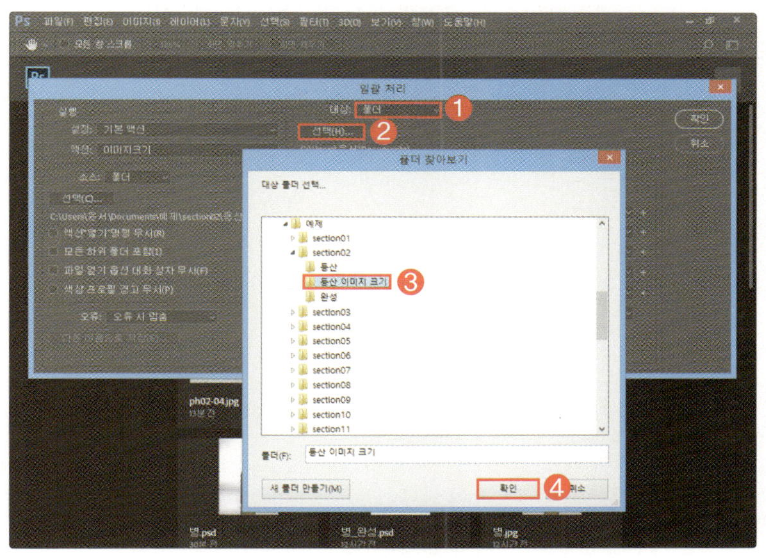

03 [일괄 처리] 대화상자에서 [확인]을 클릭하면 액션이 적용되어 등산 폴더의 저장되어 있는 이미지의 크기가 한번에 조절됩니다. 조절된 파일은 등산 이미지 크기 폴더에서 확인할 수 있습니다.

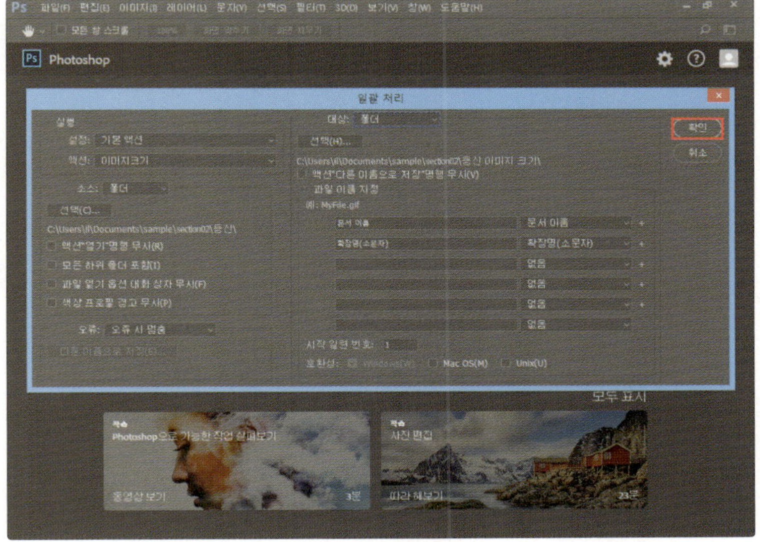

01 '꽃.jpg'를 불러와 이미지 크기(폭 : 3 센티미터, 높이 : 2.62 센티미터)를 조절해 보세요.

▶ 완성파일 : 꽃_완성.jpg

02 '커피.jpg'를 불러와 노이즈 감소 기능을 이용하여 이미지 크기(폭 : 4 센티미터, 높이 : 6.01 센티미터)를 키워 보세요.

▶ 완성파일 : 커피_완성.jpg

03 '축구.jpg'를 불러와 캔버스 크기를 가운데를 중심으로 0.2 센티미터 키워 보세요.

▶ 완성파일 : 축구_완성.jpg

01 '연인.jpg' 파일을 불러와 캔버스 크기를 조절하여 폴라로이드 사진 만들어 보세요.

▶ 완성파일 : 연인_완성.jpg

02 '해변.jpg' 파일을 불러와 이미지를 회전시킨 후 캔버스 크기를 조절해 보세요.

▶ 완성파일 : 해변_완성.jpg

03 '뚝배기.jpg' 파일을 불러와 이미지의 크기와 캔버스 크기를 조절하여 웹용으로 저장해 보세요.

▶ 완성파일 : 뚝배기_완성.jpg

03
SECTION

선택 영역 설정과 이동하기

이미지에서 원하는 부분을 복사 또는 이동하는 방법과 이미지를 합성하기 위해 다양한 선택 도구를 사용하는 방법에 대해 알아보겠습니다.

PREVIEW

▲ 완성파일 : ph03-02_완성.psd

▲ 완성파일 : ph03-04_완성.psd

▲ 완성파일 : ph03-07_완성.psd

▲ 완성파일 : ph03-06_완성.psd

학습내용

실습 01 사각형 및 원형 선택 툴 사용하기

실습 02 올가미 툴로 원하는 부분 선택하기

실습 03 자석 올가미 툴로 이미지 합성하기

실습 04 빠른 선택 도구로 반사효과 만들기

실습 05 마술봉 도구로 배경 만들기

체크포인트

● 이미지에서 원형 또는 사각형 모양으로 선택 영역을 설정할 수 있습니다.

● 올가미 툴을 이용하여 원하는 부분을 선택할 수 있습니다.

● 빠른 선택 도구로 이미지의 특정한 부분을 선택할 수 있습니다.

01 'ph03-01.jpg' 파일을 불러옵니다. [도구] 패널에서 ▦(사각형 선택 윤곽 도구)를 선택한 다음 이미지의 TIME 부분을 드래그합니다.

02 SALE 부분을 추가로 선택하기 위해 [Shift]를 누른 상태로 SALE 부분을 드래그합니다.

> **Tip** [Alt]를 누른 상태에서 선택되어 있는 영역의 일부를 드래그하면 해당 부분의 영역 설정이 해제됩니다.

03 이미지에서 TIME과 SALE 텍스트 부분을 선택된 것을 확인할 수 있습니다. 선택을 해제하기 위해 [Ctrl] +[D]를 누릅니다.

04 시계의 안쪽 원형 부분을 선택하기 위해 [도구] 패널에서 ▣(사각형 선택 윤곽 도구)에서 마우스 오른쪽 단추를 클릭하여 ◯(원형 선택 윤곽 도구)를 선택합니다.

05 마우스로 시계 부분을 드래그하면 원형으로 이미지가 선택됩니다.

> **Tip** 시계 가운데 부분에 마우스 포인터를 위치시킨 후 Alt 를 누른 상태로 드래그하면 마우스 포인터가 있는 위치를 기준으로 선택 영역을 설정할 수 있습니다.

알아두기   선택 윤곽 도구 옵션

- **새 영역 선택** : 새로운 영역을 선택합니다.
- **선택 영역에 추가** : 선택된 영역에 새로운 영역을 추가합니다.
- **선택 영역에서 빼기** : 선택되어 있는 영역에서 일부분을 뺄 수 있습니다.
- **선택 영역과 교차** : 선택되어 있는 영역에서 새로 선택한 영역이 교차되는 부분만 선택됩니다.

올가미 툴로 원하는 부분 선택하기

01 'ph03-02.jpg' 파일을 불러옵니다. [도구] 패널에서 ◉(올가미 도구)를 선택한 다음 마우스로 인형의 외곽을 따라 드래그합니다.

02 선택 영역을 복사하기 위해 [편집]-[복사]를 클릭합니다.

Tip 복사 : Ctrl + C

03 [편집]-[붙여넣기]를 클릭합니다. 복사한 이미지의 위치를 이동시키기 위해 [도구] 패널에서 ✛(이동 도구)를 선택한 다음 마우스로 복사된 이미지를 왼쪽 방향으로 드래그합니다.

Tip 붙여넣기 : Ctrl + V

04 복사한 인형의 크기를 조절하기 위해 [편집]-[자유 변형]을 클릭합니다.

> Tip 자유변형 : Ctrl + T

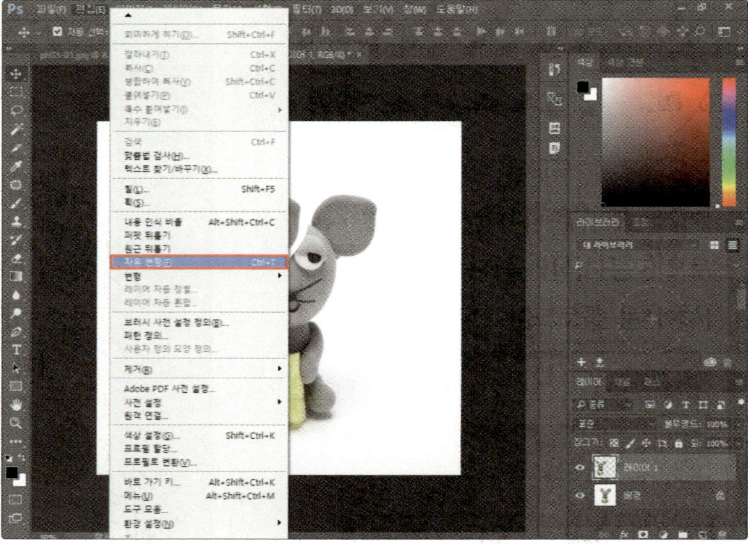

05 복사된 인형 주위에 나타나 조절점을 마우스로 드래그하여 크기를 조절한 후 Enter 를 누릅니다.

알아두기 　다각형 올가미 도구( )

- 주로 직선으로 구성되어 있는 영역을 선택할 때 주로 사용하는 도구입니다.
- 시작점을 마우스로 클릭한 후 연속으로 선택할 영역의 모서리 부분을 클릭하면서 영역을 선택하다가 마지막에 시작점을 클릭해야 영역이 선택됩니다.

자석 올가미 툴로 이미지 합성하기

01 [파일]−[열기]를 클릭한 다음 [열기] 대화상자에서 'ph03-03.jpg'를 선택한 후 `Ctrl` 을 누른 상태로 'ph03-04.jpg'를 선택합니다. 두 개의 파일이 선택되었으면 [열기]를 클릭합니다.

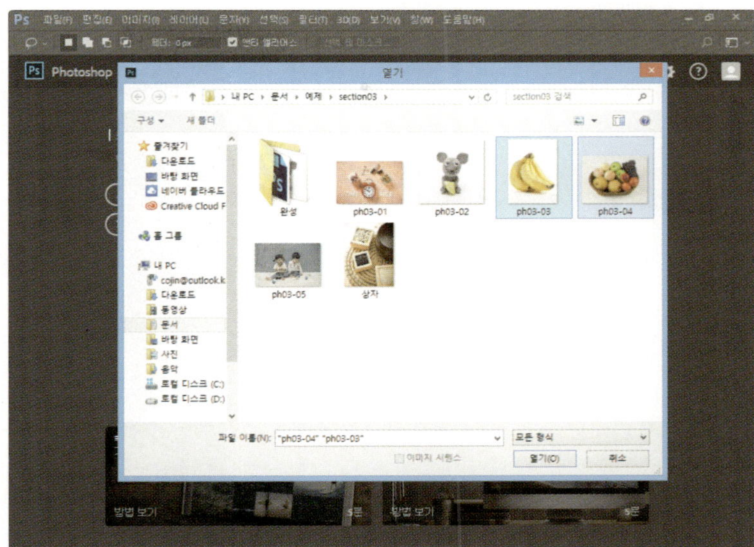

02 'ph03-03.jpg' 문서 탭을 클릭합니다. [도구] 패널에서 ◯(올가미 도구)에서 마우스 오른쪽 단추를 클릭하여 ◪(자석 올가미 도구)를 선택합니다.

03 굴곡이 심한 곳은 마우스로 클릭하여 포인트를 만들면서 바나나 외곽을 따라 마우스를 움직이면서 영역을 설정합니다.

04 마지막에 시작점을 클릭하여 영역이 선택되면 [편집]-[잘라내기]를 클릭합니다.

Tip 잘라내기 : Ctrl + X

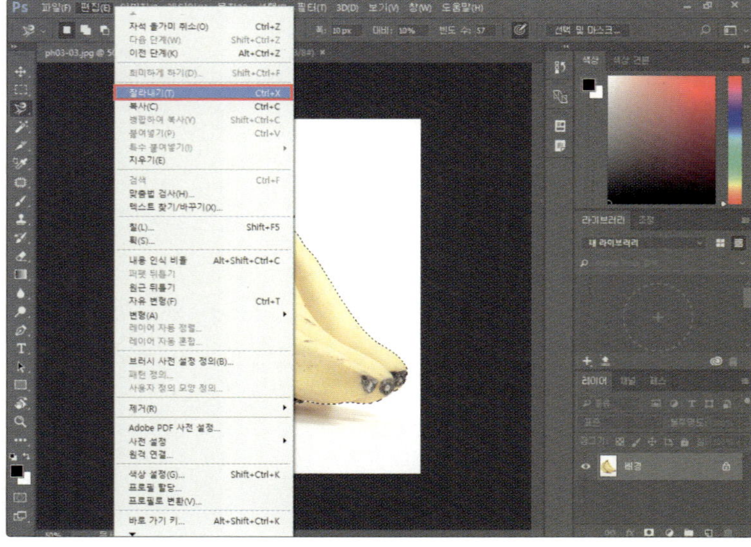

05 'ph03-04.jpg' 문서 탭을 선택한 다음 [편집]-[붙여넣기]를 클릭합니다.

06 [편집]-[자유변형]을 클릭한 다음 바나나 이미지의 크기를 적당히 조절한 다음 적당한 위치로 드래그한 후 Enter 를 눌러 완성합니다.

빠른 선택 도구로 반사효과 만들기

01 [파일]-[열기]를 클릭하여 'ph03-06.jpg' 파일을 불러옵니다. [도구] 패널에서 ☑(빠른 선택 도구)를 선택한 다음 옵션 바에서 브러시 크기를 '13px'로 설정합니다.

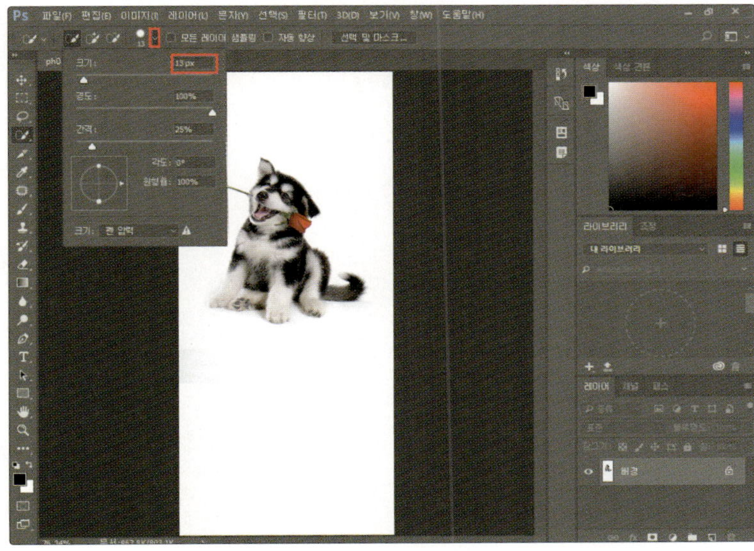

02 강아지 귀부분을 클릭한 상태로 마우스로 드래그하여 강아지를 선택합니다.

03 [편집]-[복사]를 클릭하여 선택한 부분을 복사합니다.

04 [편집]−[붙여넣기]를 클릭하여 복사된 이미지를 붙여넣습니다. [도구] 패널에서 ✛(이동 도구)를 선택한 다음 복사된 강아지를 아래쪽으로 드래그합니다.

05 복사된 이미지를 세로로 뒤집기 위해 [편집]−[변형]−[세로로 뒤집기]를 클릭합니다.

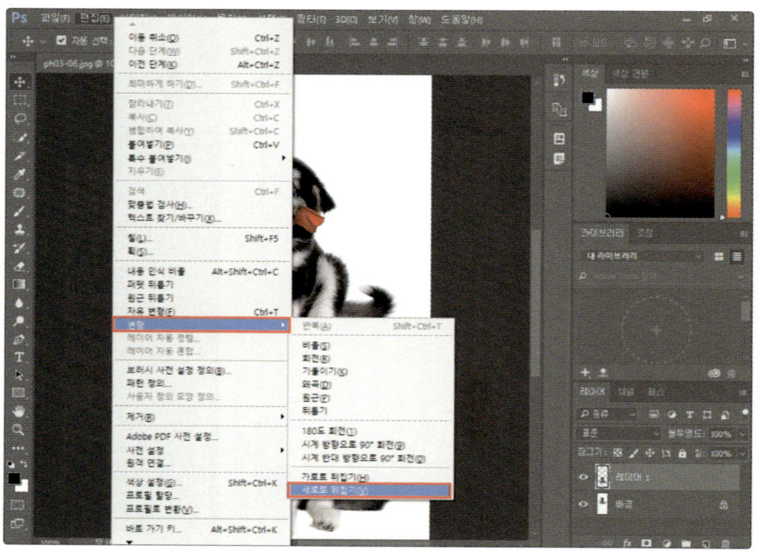

06 반사되는 효과를 설정하기 위해 [레이어] 패널에서 불투명도를 '30%'로 설정하여 완성합니다.

마술봉 도구로 배경 만들기

01 [파일]-[열기]를 클릭한 다음 [열기] 대화상자에서 'ph03-07.jpg'를 선택한 후 `Ctrl` 을 누른 상태로 'ph03-08.jpg'를 선택합니다. 두 개의 파일이 선택되었으면 [열기]를 클릭합니다.

02 'ph03-07.jpg' 문서 탭을 선택한 다음 [도구] 패널에서 (자동 선택 도구)를 선택합니다. 옵션 바에서 허용치를 '80'으로 지정하고 이미지의 흰색 배경을 클릭합니다.

> **Tip** (빠른 선택 도구)에서 마우스 오른쪽 단추를 클릭하여 자동 선택 도구를 선택할 수 있습니다.

03 `Shift` 를 누른 상태로 선택되지 않은 영역을 클릭하여 영역을 추가합니다.

04 선택 영역을 반전시키기 위해 [선택]–[반전]을 클릭합니다.

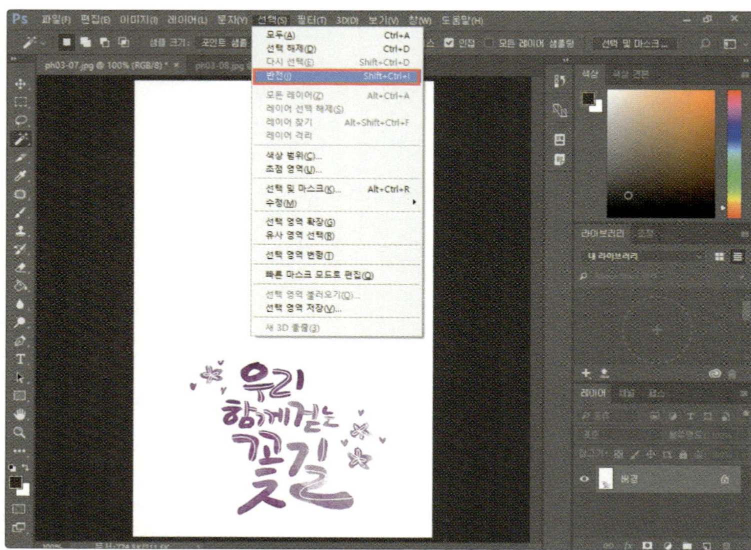

05 'ph03-08.jpg' 문서 탭을 선택한 다음 [선택]–[모두]를 클릭하여 이미지 전체를 선택합니다.

06 선택된 영역을 복사하기 위해 [편집]–[복사]를 클릭합니다.

07 'ph03-07.jpg' 문서 탭을 선택한 다음 [편집]-[특수 붙여넣기]-[바깥쪽에 붙여넣기]를 클릭합니다.

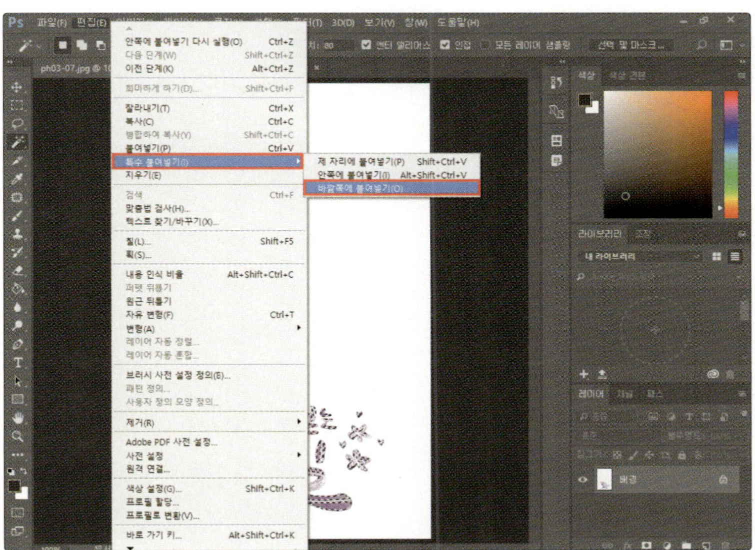

08 [도구] 패널에서 ⊕(이동 도구)를 선택한 다음 이미지를 위쪽으로 드래그하여 완성합니다.

알아두기 | **특수 붙여 넣기**

- 제자리에 붙여넣기 : 복사한 이미지와 같은 위치에 붙여 넣습니다.
- 안쪽에 붙여넣기 : 마스크를 이용하여 선택 영역 안쪽에 복사한 이미지를 붙여 넣습니다.
- 바깥쪽에 붙여넣기 : 마스크를 이용하여 선택 영역 바깥쪽 끝에 복사한 이미지를 붙여 넣습니다.

제 자리에 붙여넣기(P)	Shift+Ctrl+V
안쪽에 붙여넣기(I)	Alt+Shift+Ctrl+V
바깥쪽에 붙여넣기(O)	

01 '곰인형.jpg' 파일을 불러와 올가미 도구를 이용하여 곰 인형을 선택해 보세요.

02 '초코렛.jpg' 파일을 불러와 다음과 같이 초코렛을 복사해 보세요.

▶ 완성파일 : 초콜렛_완성.psd

03 '고양이.jpg' 파일을 불러와 캔버스 크기를 조절한 다음 이미지를 복사해 보세요.

▶ 완성파일 : 고양이_완성.psd

심화문제

01   '쥬스.jpg, 피망.jpg, 사과.jpg, 시금치.jpg' 파일을 불러와 캔버스 크기를 조절한 후 이미지를 합성해 보세요.

▶ 완성파일 : 쥬스_완성.psd

02   '쥬스.psd, 다이어트.jpg' 파일을 불러와 다음과 같이 만들어 보세요.

▶ 완성파일 : 다이어트_완성.psd

03   '토끼.jpg' 파일을 불러와 토끼 가족을 만들어 보세요.

▶ 완성파일 : 토끼_완성.psd

04

SECTION

이미지 자르고 변형시키기

이미지에서 필요한 부분만 남기거나 원하는 비율이나 구도에 맞게 이미지를 자를 수 있을 뿐만 아니라 원근감 효과로 이미지를 자를 수 있습니다.

PREVIEW

▲ 완성파일 : ph04-01_완성.psd

▲ 완성파일 : ph04-02_완성.psd

▲ 완성파일 : ph04-03_완성.psd

▲ 완성파일 : ph04-04_완성.psd

▲ 완성파일 : ph04-05_완성.psd

학습내용

실습 01 원하는 크기로 이미지 자르기

실습 02 기울여진 이미지 바로 세우기

실습 03 원근감 있게 자르기

실습 04 왜곡 기능으로 그림자 만들기

실습 05 내용 인식 비율로 배경 넓히기

체크포인트

- 이미지에서 불필요한 부분을 자를 수 있습니다.
- 원근감 있는 이미지를 만들 수 있습니다.
- 이미지를 왜곡시켜 그림자를 만들 수 있습니다.

원하는 크기로 이미지 자르기

01 'ph04-01.jpg' 파일을 불러옵니다. [도구] 패널에서 ▣(자르기 도구)를 선택한 후 자르기 영역이 표시되면 왼쪽 모서리 부분을 클릭하여 자르기 가이드 선을 표시합니다.

02 왼쪽 모서리 부분을 드래그합니다.

03 수평선에 이미지를 맞추기 위해 오른쪽 위에 마우스 포인터를 위치시킵니다. 마우스 포인터 모양이 바뀌면 드래그하여 이미지를 회전시킨 후 Enter 를 누릅니다.

기울여진 이미지 바로 세우기

01 'ph04-02.jpg' 파일을 불러옵니다. [도구] 패널에서 ⬚(자르기 도구)를 선택한 다음 가로와 세로 비율을 유지하면서 이미지를 똑바로 세우기 위해 옵션 바에서 비율 목록 단추를 클릭하여 '원본 비율'을 선택합니다.

> **Tip** '원본 비율'을 선택하지 않으면 이미지가 똑바로 세워지면서 이미지의 비율이 변경됩니다.

02 옵션 바에서 ⬚(똑바르게 하기)를 선택한 다음 인물의 머리에서부터 아래 끝까지 드래그합니다.

03 비뚤어져있던 이미지가 회전하면서 똑바로 변경되면 Enter를 눌러 완성합니다.

원근감 있게 자르기

01 'ph04-03.jpg' 파일을 불러옵니다. [도구] 패널에서  (자르기 도구)에서 마우스 오른쪽 단추를 클릭하여 (원근 자르기 도구)를 선택합니다.

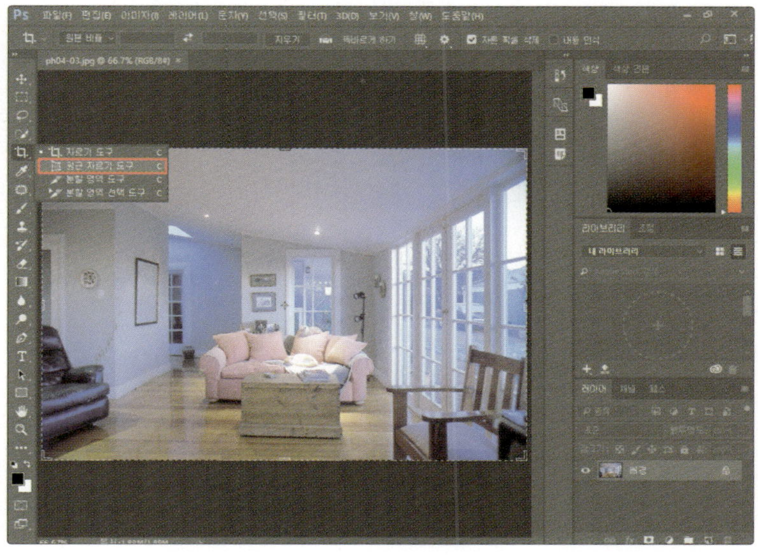

02 마우스로 드래그하여 이미지 전체를 선택한 다음 왼쪽 위 변형점을 오른쪽으로 드래그합니다.

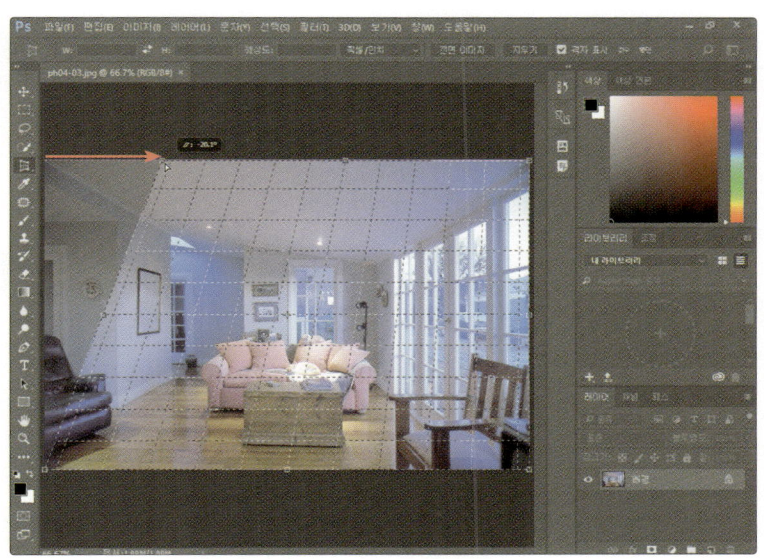

03 같은 방법으로 오른쪽 변형점을 왼쪽으로 드래그한 후 Enter 를 눌러 완성합니다.

왜곡 기능으로 그림자 만들기

01 'ph04-04.jpg' 파일을 불러옵니다. [도구] 패널에서 ▨(빠른 선택 도구)를 선택한 다음 옵션 바에서 브러시 크기를 '20px'로 설정합니다.

02 이미지의 인물 부분을 드래그하여 선택 영역을 설정합니다. Ctrl +C를 눌러 선택한 영역을 복사한 후 다시 Ctrl + V를 눌러 붙여넣기합니다.

03 복사한 이미지를 그림자 방향으로 왜곡시키기 위해 [편집]-[변형]-[왜곡]을 클릭합니다. 위쪽 가운데 변형 조절점을 오른쪽 대각선 방향으로 드래그한 후 Enter를 누릅니다.

04 그림자의 색을 검은색으로 칠하기 위해 [편집]-[칠]을 클릭합니다. [칠] 대화상자에서 내용은 '검정', 불투명도는 '100%', 투명도 유지에 체크 표시를 한 후 [확인]을 클릭합니다.

05 [레이어] 패널에서 불투명도를 '30%'로 설정합니다.

06 그림자를 인물 뒤에 있는 것처럼 하기 위해 Ctrl + V 를 눌러 복사한 이미지를 한번 더 붙여넣기합니다. [도구] 패널에서 ↔(이동 도구)를 선택한 다음 원본 이미지와 겹치게 이동시켜 완성합니다.

내용 인식 비율로 배경 넓히기

01 'ph04-05.psd' 파일을 불러옵니다. ▣(사각형 선택 윤곽 도구)를 선택한 다음 에펠탑 부분을 드래그하여 영역을 설정합니다.

02 선택 영역을 저장하기 위해 [선택]-[선택 영역 저장]을 클릭합니다.

03 [선택 영역 저장] 대화상자에서 이름을 '탑'으로 입력하고 [확인]을 클릭합니다.

04 `Ctrl`+`D`를 눌러 선택 영역을 해제한 다음 [편집]–[내용 인식 비율]을 클릭합니다.

05 옵션 바에서 보호의 목록 단추를 클릭하여 '탑'을 선택한 후 ▓(피부 톤 보호)를 클릭합니다.

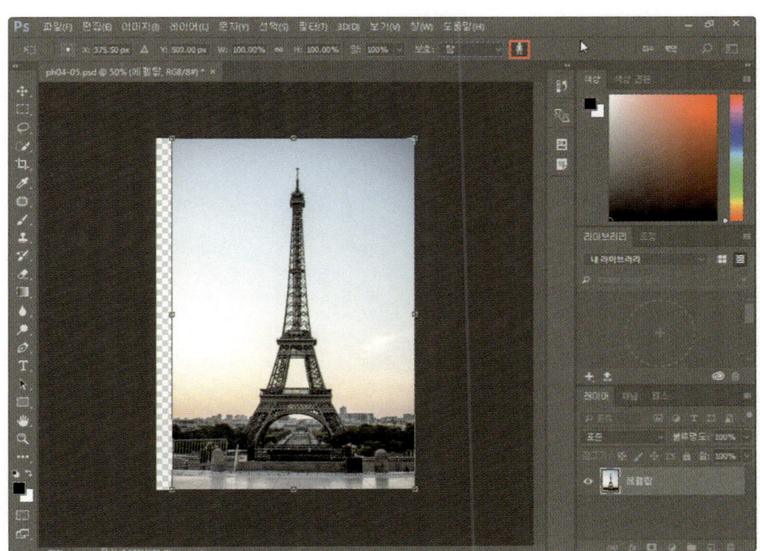

06 왼쪽 가운데 조절점을 왼쪽으로 드래그하면 선택 영역으로 지정한 탑은 변형되지 않고 배경만 변형되는 것을 확인할 수 있습니다.

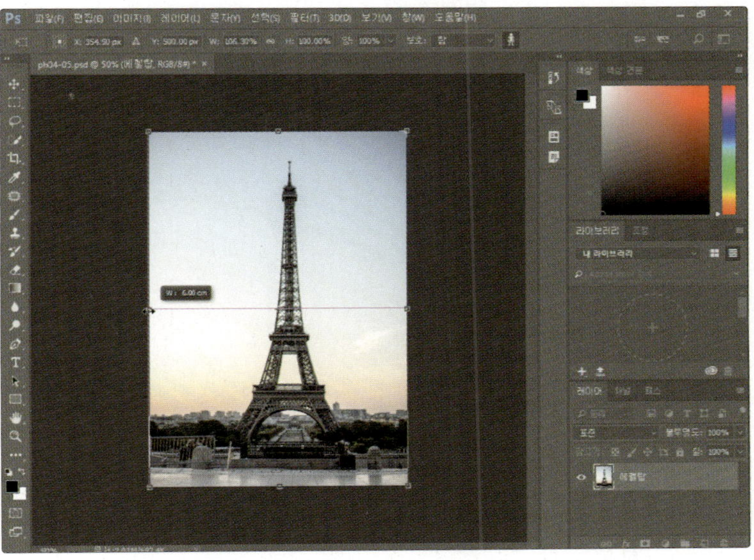

기초문제

01 ‘풍등.jpg’ 파일을 불러와 5:7 크기로 이미지를 잘라 보세요.

▶ 완성파일 : 풍등_완성.jpg

02 ‘아이들.jpg’ 파일을 불러와 기울여진 이미지를 똑바로 세워 보세요.

▶ 완성파일 : 아이들_완성.jpg

03 ‘요가.jpg’ 파일을 불러와 왜곡 기능을 이용하여 그림자를 만들어 보세요.

▶ 완성파일 : 요가_완성.psd

심화문제

01 '액자.psd'와 '액자사진.jpg' 파일을 불러와 다음과 같이 만들어 보세요.

▶ 완성파일 : 액자_완성.psd

02 '전통.psd' 파일을 불러와 다음과 같이 배경을 키워 보세요

▶ 완성파일 : 전통_완성.psd

03 '도로.jpg' 파일을 불러와 원근감 있게 이미지를 잘라 보세요.

▶ 완성파일 : 도로_완성.jpg

05

SECTION

펜 도구와 페인트 통으로 색 채우기

페인트 통 기능으로 색을 채울 수 있을 뿐만 아니라 그레이디언트 기능으로 이미지에 무지개를 만들 수 있으며, 펜 도구로 벡터 기반의 그림을 그릴 수 있습니다.

▲ 완성파일 : ph05-01_완성.psd

▲ 완성파일 : ph05-02_완성.psd

▲ 완성파일 : ph05-03_완성.psd

▲ 완성파일 : ph05-04_완성.psd

학습내용

실습 01 페인트 통으로 색 채우기

실습 02 그레이디언트 도구로 무지개 만들기

실습 03 칠 기능으로 선택 영역 배경으로 채우기

실습 04 펜 도구로 선 그리기

체크포인트

- 선택 영역을 설정하여 페인트 통 도구로 원하는 색을 칠할 수 있습니다.
- 이미지의 특정 영역을 배경으로 채울 수 있습니다.
- 펜 도구로 패스를 설정하면 벡터 기반의 그림을 그릴 수 있습니다.

페인트 통으로 색 채우기

01 'ph05-01.jpg' 파일을 불러온 다음 [도구] 패널에서 빠른 선택 도구를 이용하여 'OPEN' 영역을 선택합니다. 전경색을 변경하기 위해 전경색 설정을 클릭한 다음 [색상 피커(전경색)] 대화상자에서 R(207), G(180), B(2)를 입력하고 [확인]을 클릭합니다.

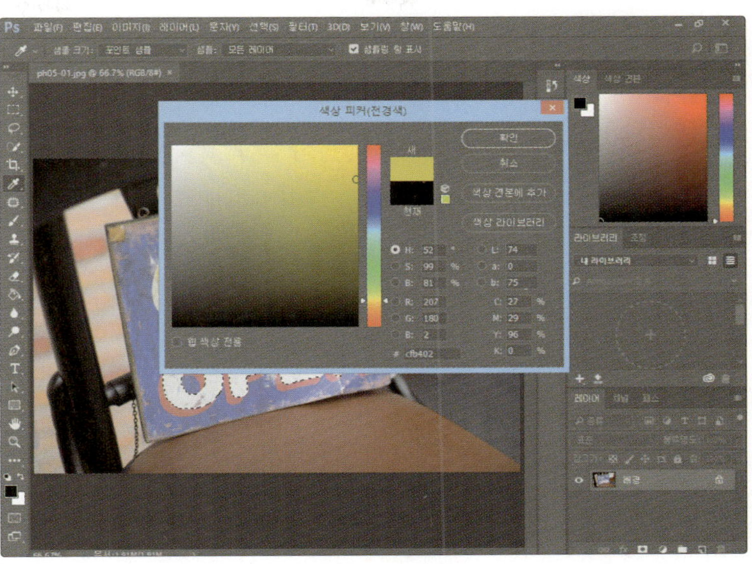

02 [도구] 패널에서 ▨(페인트 통 도구)를 선택한 다음 'OPEN' 영역을 클릭하여 색을 채웁니다.

03 ▣(기본 전경색과 배경색)을 클릭하여 전경색은 '검정', 배경색은 '흰색'으로 설정합니다. 다음과 같이 나머지 글씨 부분을 검정으로 채워 완성합니다.

그레이디언트 도구로 무지개 만들기

01 'ph05-02.jpg' 파일을 불러옵니다. [도구] 패널에서 ▦(그레이디언트 도구)를 클릭합니다. 옵션 바에서 그레이디언트 편집 목록 단추를 클릭하여 ⚙(설정) 단추를 클릭한 다음 [특수 효과]를 선택합니다.

02 특수 효과의 그레이디언트로 대체 유무를 묻는 대화상자에서 [확인]을 클릭합니다.

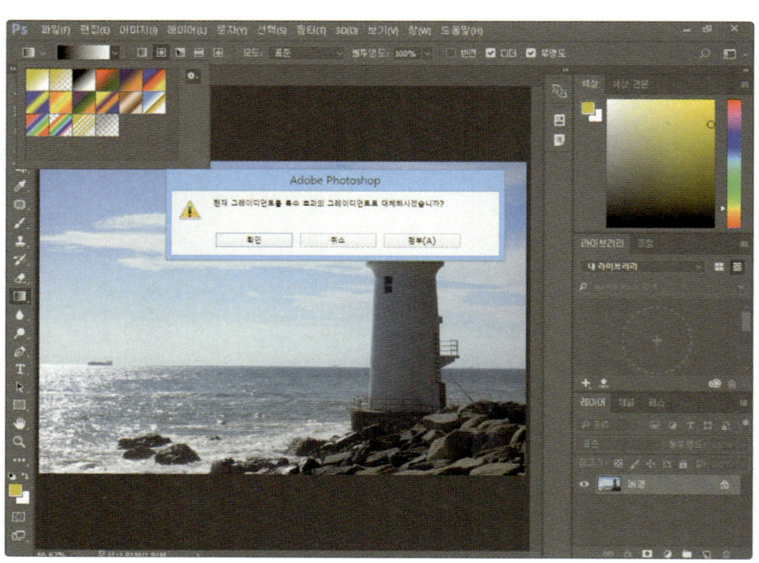

03 'Russell의 무지개' 그레이디언트를 선택한 다음 ▦(방사형 그레이디언트)를 선택합니다.

04 모드는 '스크린', 불투명도는 '30%'로 지정하고 이미지 아래에서 위쪽 방향으로 드래그합니다.

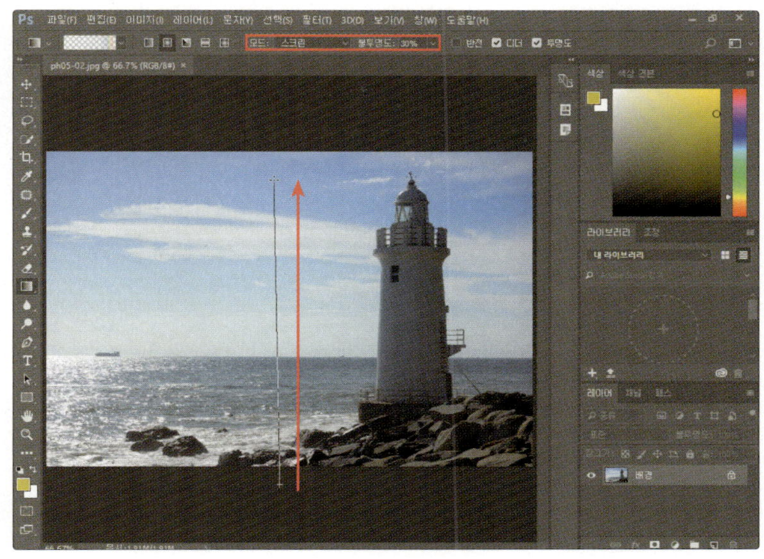

05 다음과 같이 무지개가 만들어진 것을 확인할 수 있습니다.

알아두기　　그레이디언트 편집하기

● ⚙ (설정) 단추를 클릭하여 [그레이디언트 재설정]을 클릭하면 기본 그레이디언트로 재설정되며, 그레이디언트 편집 부분을 클릭하면 [그레이디언트 편집기] 대화상자가 나타납니다.

칠 기능으로 선택 영역 배경으로 채우기

01 'ph05-03.jpg' 파일을 불러옵니다. [도구] 패널에서 (올가미 도구)를 선택한 다음 지우고자 하는 영역을 드래그하여 선택합니다.

02 선택한 영역을 삭제하고 삭제된 영역을 배경으로 채우기 위해 [편집]-[칠]을 클릭합니다. [칠] 대화상자에서 내용을 '내용 인식'으로 선택하고 [확인]을 클릭합니다.

03 다음과 같이 선택된 영역이 삭제되고, 삭제된 영역은 배경 이미지로 채워진 것을 확인할 수 있습니다.

펜 도구로 선 그리기

01 'ph05-04.psd' 파일을 불러온 다음 [레이어] 패널에서 '레이어1'을 선택합니다. [도구] 패널에서 🔍(돋보기 도구)를 이용하여 이미지를 확대한 다음 ✒(펜 도구)를 클릭합니다.

02 커피잔의 패스 시작점을 클릭한 다음 중간 지점을 클릭한 후 드래그하여 자연스러운 곡선을 만듭니다.

03 다시 중간점을 클릭한 다음 드래그합니다.

04 위와 같은 방법으로 곡선을 연결한 다음 시작점을 클릭하여 컵의 위쪽 부분의 패스를 그립니다.

05 패스를 조절하기 위해 [도구] 패널에서 ▶(패스 직접 선택 도구)를 클릭한 다음 패스를 드래그하거나 기준점을 이동시켜 패스를 세밀하게 조절합니다.

06 다시 [도구] 패널에서 ✎(펜 도구) 클릭한 다음 펜 도구를 한 번 더 클릭하여 패스를 종료합니다. 커피 잔의 아랫부분을 그리기 위해 시작점을 클릭한 다음 중간 지점을 클릭한 후 드래그하여 자연스러운 곡선을 만듭니다.

07 곡선의 각도를 조절하기 위해 Alt 를 누른 상태로 방향선이 있는 기준점을 클릭하여 방향 선을 삭제합니다.

08 위와 같은 방법으로 커피 잔의 테두리의 패스를 모두 그린 다음 [패스] 패널을 클릭합니다.

09 [패스] 패널 빈 공간을 클릭하여 패스를 감춘 다음 다시 '작업 패스'에서 마우스 오른쪽 단추를 클릭하여 [패스 획]을 클릭합니다.

10 [패스 획] 대화상자에서 도구 목록 단추를 클릭하여 '브러시'를 선택한 후 [확인]을 클릭합니다.

11 [레이어] 패널에서 배경 레이어 앞에 눈 아이콘을 클릭하여 그림을 감춘 다음 전경색을 '흰색'으로 변경합니다

12 [도구] 패널에서 ⬛(페인트 통 도구)를 선택한 후 커피 잔 영역을 클릭하여 색을 채웁니다.

알아두기 | 펜 도구 알아보기

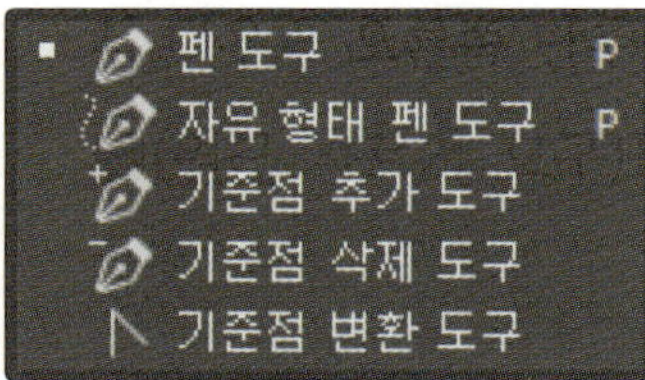

- 펜 도구 : 클릭하여 기준점과 패스를 만들어 원하는 모양으로 그림을 그릴 수 있습니다.
- 자유 형태 펜 도구 : 연필로 그림을 그리는 것처럼 패스를 그릴 수 있습니다.
- 기준점 추가 도구 : 그려진 패스에 기준점을 추가합니다.
- 기준점 삭제 도구 : 그려진 패스의 기준점을 삭제합니다.
- 기준점 변환 도구 : 기준점의 속성을 변경하여 곡선 패스를 직선으로, 직선 패스를 곡선으로 수정할 수 있습니다.

- 직선 그리기

시작점을 클릭한 다음 중간 지점을 클릭하면 직선 패스가 만들어지며, 마지막에 처음 시작한 시작점을 클릭하면 닫힌 도형이 만들어 집니다.
Shift 를 누른 상태로 클릭하면 수직 또는 수평으로 패스가 만들어집니다.

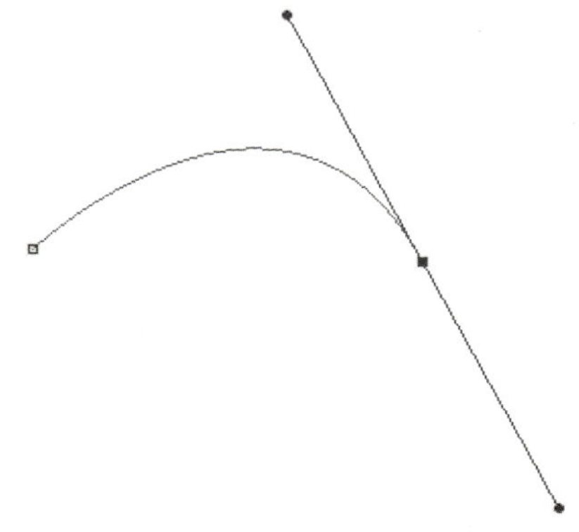

- 곡선 그리기

시작점을 클릭한 다음 중간 지점에서 클릭한 다음 드래그하여 나타나는 방향선을 적당한 길이로 드래그하여 곡선을 그릴 수 있습니다.

01 '키보드.jpg' 이미지를 불러와 다음과 같이 색을 바꿔보세요.

▶ 완성파일 : 키보드_완성.jpg

02 '표지판.jpg' 이미지를 불러와 표지판을 지우고 배경을 자연스럽게 만들어 보세요.

▶ 완성파일 : 표지판_완성.jpg

03 패스 도구를 이용하여 하트를 만들어 보세요.

▶ 완성파일 : 하트_완성.jpg

01 '하늘.jpg' 파일을 불러와 그레이디언트 도구를 이용하여 무지개를 만들어보세요.

▶ 완성파일 : 하늘_완성.psd

02 '커피.psd' 파일을 불러와 펜 도구를 이용하여 다음과 같이 벡터 이미지를 그려보세요.

▶ 완성파일 :커피_완성.psd

03 '병.psd' 파일을 불러와 펜 도구를 이용하여 병을 그린 다음 그레이디언트로 칠해보세요

▶ 완성파일 : 병_완성.psd

06
SECTION

이미지 지우고 복제하기

이미지에서 불필요한 배경을 삭제하여 자연스럽게 합성할 수 있을 뿐만 아니라 특정 부분을 쉽게 복제할 수 있습니다.

▲ 완성파일 : ph06-01_완성.psd

▲ 완성파일 : ph06-03_완성.psd

▲ 완성파일 : ph06-05_완성.psd

▲ 완성파일 : ph006-06_완성.jpg

▲ 완성파일 : ph06-07_완성.psd

학습내용

실습 01 지우개로 사진 합성하기

실습 02 배경 지우기

실습 03 자동 지우개로 배경 지우기

실습 04 도장 도구로 복제하기

실습 05 패턴 도장 도구로 채우기

체크포인트

● 지우개 툴을 이용하여 이미지를 합성할 수 있습니다.

● 이미지의 배경을 자동 지우개를 이용하여 쉽게 지울 수 있습니다.

● 도장 도구로 이미지의 특정 부분을 복사할 수 있습니다.

지우개로 사진 합성하기

01 [파일]-[열기]를 클릭합니다. [열기] 대화상자에서 'ph06-01.jpg'를 선택한 다음 `Ctrl`을 누른 상태로 'ph06-02.jpg'를 클릭한 후 [열기]를 클릭합니다.

02 'ph06-02.jpg' 문서 탭에서 [선택]-[모두]를 클릭하여 이미지 전체를 선택합니다.

03 선택된 이미지를 복사하기 위해 `Ctrl` + `C`를 누릅니다.

04 'ph06-02.jpg' 문서 탭에서 Ctrl + V 를 눌러 복사한 이미지를 붙여 넣기합니다. [도구] 패널에서 ▨(빠른 선택 도구)를 클릭하여 손 부분을 드래그하여 선택합니다.

05 선택 영역을 반전시키기 위해 [선택]-[반전]을 클릭합니다.

> **Tip** [선택]-[반전]을 클릭하면 선택된 영역은 해제되고, 선택되지 않은 곳이 영역으로 설정됩니다.

06 [도구] 패널에서 ▨(지우개 도구)를 선택한 후 옵션 바에서 브러시 크기를 '100px'로 설정한 다음 마우스로 이미지를 드래그하면 선택 영역이 지워지고 두개의 이미지가 자연스럽게 합성된 것을 확인할 수 있습니다.

배경 지우기

01 'ph06-03.jpg' 파일을 불러옵니다. [도구] 패널에서 (지우개 도구)에서 마우스 오른쪽 단추를 클릭하여 (배경 지우개 도구)를 클릭합니다.

02 옵션 바에서 브러시 크기를 '30px'로 지정하고 허용치를 '10%'로 설정한 다음 이미지 배경 부분을 마우스로 드래그합니다.

> **Tip** (샘플링: 계속) : 계속 다른 색상을 배경색으로 등록하면서 배경을 지웁니다.
> (샘플링: 한 번) : 처음 드래그할 때 등록된 색상과 같은 색상만 지웁니다.
> (샘플링: 배경색 견본) : 배경색으로 지정된 색상과 같은 부분의 색상만 지웁니다.

03 넓은 영역을 지우기 위해 옵션 바에서 브러시 크기를 '60px'로 설정한 다음 나머지 배경 부분도 드래그하여 삭제합니다.

자동 지우개로 배경 지우기

01 [파일]-[열기]를 클릭합니다. [열기] 대화상자에서 'ph06-04.jpg'를 선택한 다음 [Shift]를 누른 상태로 'ph06-05.jpg'를 클릭한 후 [열기]를 클릭합니다.

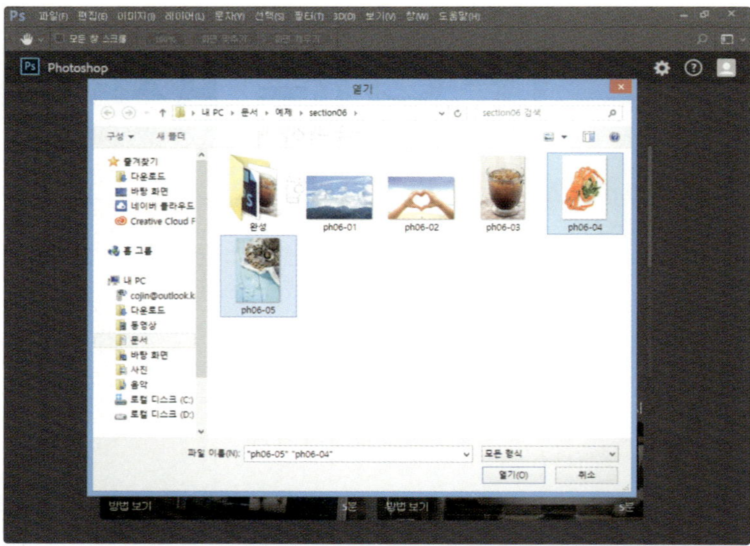

02 'ph06-04.jpg' 문서 탭에서 [Ctrl]+[A]를 눌러 이미지 전체를 선택한 다음 [Ctrl]+[C]를 눌러 이미지를 복사합니다.

03 'ph06-05.jpg' 문서 탭에서 [Ctrl]+[V]를 눌러 복사한 이미지를 붙여넣습니다. [도구] 패널에서 ✏️(지우개 도구)에서 마우스 오른쪽 단추를 클릭하여 ✏️(자동 지우개 도구)를 클릭합니다.

04 옵션 바에서 허용치를 '100'으로 설정한 다음 흰색 배경 부분을 클릭하면 이미지의 흰색 배경이 지워집니다.

05 지워지지 않은 부분을 삭제하기 위해 [도구] 패널에서 (돋보기 도구)를 클릭하여 이미지를 확대합니다.

06 [도구] 패널에서 (자동 지우개 도구)를 클릭하여 지워지지 않은 흰색 부분을 클릭하여 삭제합니다.

도장 도구로 복제하기

01 'ph06-06.jpg'를 불러옵니다. [도구] 패널에서 ▣(도장 도구)를 선택한 다음 옵션 바에서 브러시 크기를 '40.px'으로 설정합니다.

02 Alt 를 누른 상태로 복제할 버선 부분을 클릭합니다.

03 마우스 포인터를 이미지가 복제될 위치로 이동시킨 다음 드래그하면 이미지의 버선 부분이 복제됩니다.

패턴 도장 도구로 채우기

01 'ph06-07.jpg'를 불러옵니다. [도구] 패널에서 (빠른 선택 도구)를 선택한 다음 글씨의 흰색 부분을 드래그하여 영역을 설정합니다.

02 [도구] 패널에서 (복제 도장 도구)에서 마우스 오른쪽 단추를 클릭하여 (패턴 도장 도구)를 선택합니다.

03 옵션 바에서 브러시 크기를 '50px'로 설정하고 패턴 피커 목록 단추를 클릭합니다. 컬러 용지 패턴으로 설정하기 위해 (설정) 단추를 클릭하여 '컬러 용지'를 선택합니다.

04 패턴 대체 유무를 묻는 대화상자에서 [확인]을 클릭합니다.

05 컬러 용지 패턴 목록이 표시되면 원하는 패턴을 선택합니다.

06 선택된 영역을 마우스로 드래그하면 선택한 패턴으로 이미지가 채워집니다.

알아두기 | 복제 도장 도구 옵션

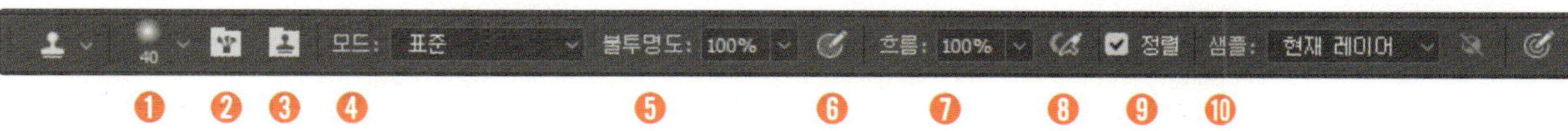

① 브러시 사전 설정 피커 : 브러시 크기와 모양을 설정할 수 있습니다.

② 브러시 패널 켜기/끄기 : 브러시 패널 창을 표시하거나 숨깁니다.

③ 복제 원본 패널 켜기/끄기 : 복제 원본 패널 창을 표시하거나 숨깁니다.

④ 모드 : 도장 도구의 블렌딩 모드를 설정할 수 있습니다.

⑤ 불투명도 : 도장 도구의 불투명도를 설정할 수 있습니다.

⑥ 타블렛 불투명도 : 타블렛을 사용할 경우 펜의 압력에 따라 칠해지는 색깔의 불투명도를 적용합니다.

⑦ 흐름 : 복제되는 이미지의 투명도를 조절합니다.

⑧ 에어브러시 모드 : 에어브러시가 활성화되어 마우스 왼쪽 단추를 누르고 있는 동안 계속 덧칠이 됩니다.

⑨ 정렬 : Alt 를 눌러 선택한 부분과 복제되는 부분의 위치를 일정한 간격으로 유지시킵니다. 정렬에 체크 표시를 하면 이미지를 복제하다 중단했다가 다시 복제하더라도 계속 이어서 복제가 되지만 체크 표시를 해제하면 처음 클릭한 위치에서부터 복제가 됩니다.

⑩ 샘플 : 레이어로 구분된 이미지에서 레이어의 구분 없이 전체 화면에 보이는 대로 복제합니다.
　– 현재 레이어 : 현재 작업 레이어에서 이미지를 복제합니다.
　– 현재 이하 : 현재 작업 레이어 아래에 있는 레이어에서 이미지를 복제합니다.
　– 모든 레이어 : 전체 레이어에서 이미지를 복제합니다.

01 '여행1.jpg'와 '여행2.jpg' 파일을 불러와 지우개 도구를 이용하여 이미지를 자연스럽게 합성해 보세요.

▶ 완성파일 : 여행1_완성.psd

02 '배.jpg' 파일을 불러와 도장 도구를 이용하여 요트를 복제해 보세요.

▶ 완성파일 : 배_완성.jpg

03 '제주.jpg' 파일을 불러와 패턴 도장 도구를 이용하여 다음과 같이 웹 패턴으로 채워 보세요.

▶ 완성파일 : 제주_완성.jpg

01 '기구.jpg' 파일을 불러와 복제 도장 도구를 이용하여 다음과 같이 열기구를 지워 보세요.

▶ 완성파일 : 기구_완성.jpg

02 '베트남.jpg' 불러와 다음과 같이 칠 기능을 이용하여 이미지를 삭제한 후 복제 도장 도구를 이용하여 이미지를 자연스럽게 만들어 보세요.

▶ 완성파일 : 베트남1_완성.jpg

03 '책.jpg' 과 '독서.jpg' 파일을 자동 지우개 도구를 이용하여 합성해 보세요.

▶ 완성파일 : 독서_완성.psd

07 이미지 리터칭하기

SECTION

선명 도구, 닷지 도구, 번 도구 등을 이용하여 이미지 배경의 초점을 흐릿하게 하거나 선명하게 표현할 수 있으며, 인물 사진의 잡티를 빠르게 제거할 수 있습니다.

PREVIEW

▲ 완성파일 : ph07-02_완성.jpg

▲ 완성파일 : ph07-01_완성.jpg

▲ 완성파일 : ph07-03_완성.jpg

▲ 완성파일 : ph07-05_완성.jpg

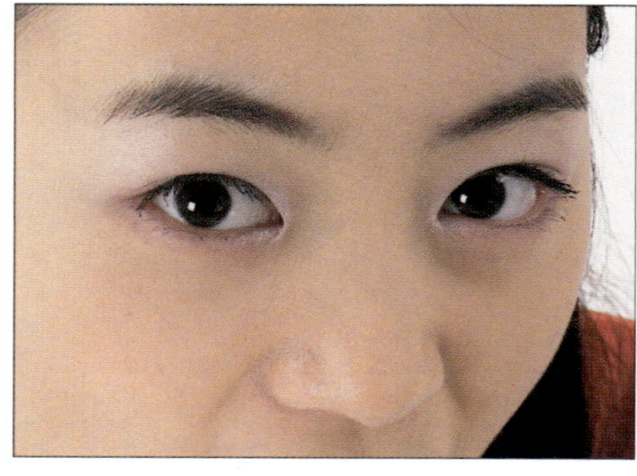

▲ 완성파일 : ph07-04_완성.jpg

▲ 완성파일 : ph07-06_완성.jpg

학습내용

실습 01 이미지 흐릿하게 만들기

실습 02 이미지 선명하게 만들기

실습 03 손가락 도구로 이미지 번짐 효과 만들기

실습 04 번 도구로 이미지 어둡게 만들기

실습 05 스폰지 도구로 이미지 선명하게 만들기

실습 06 잡티와 적목현상 제거하기

체크포인트

- 흐림 효과 도구나 선명 효과 도구를 이용하여 이미지를 흐릿하게 또는 선명하게 할 수 있습니다.
- 손가락 도구로 이미지를 문지르듯 뭉개주는 효과를 낼 수 있습니다.
- 닷지 도구로 하이라이트 효과를 줄 수 있습니다.

이미지 흐릿하게 만들기

01 'ph07-01.jpg' 파일을 불러옵니다. [도구] 패널에서 ■(빠른 선택 도구)를 이용하여 이미지의 립스틱을 영역으로 설정합니다.

02 선택 영역을 반전시키기 위해 [선택]-[반전]을 클릭합니다.

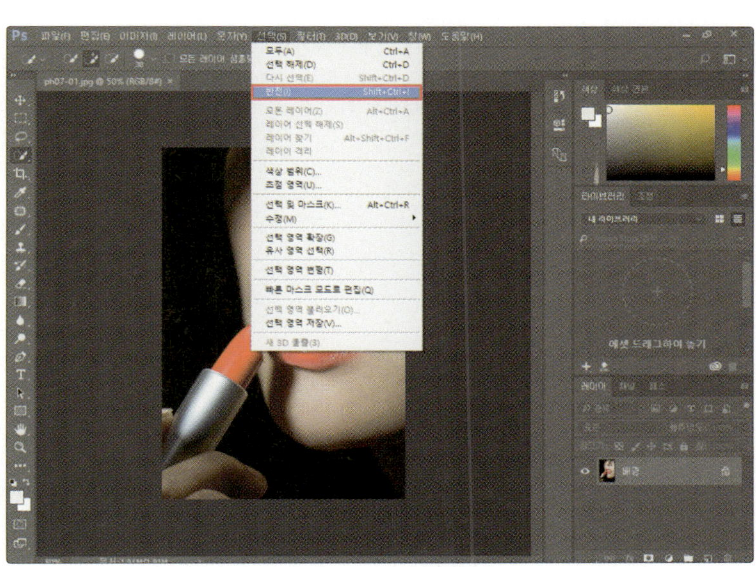

03 [도구] 패널에서 ■(흐림 효과 도구)를 선택한 다음 옵션 바에서 브러시 크기를 '300px'로 설정한 후 마우스로 이미지를 드래그하면 선택 영역이 흐릿하게 설정됩니다.

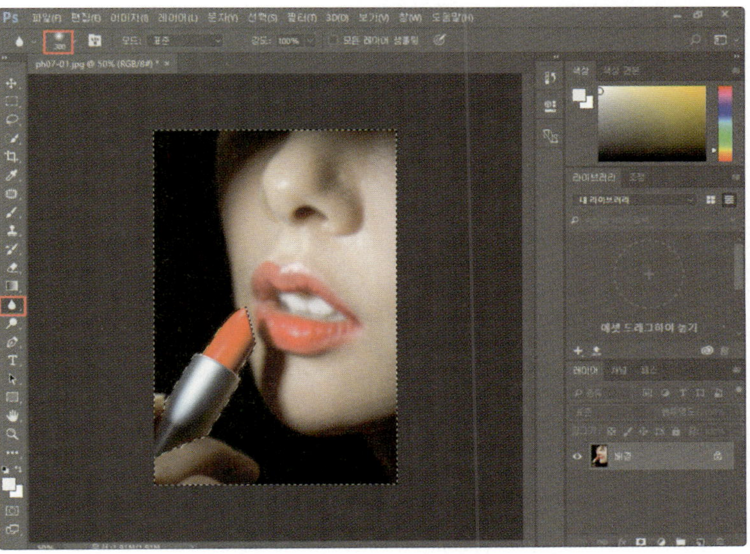

이미지 선명하게 만들기

01 'ph07-02.jpg' 파일을 불러옵니다. [도구] 패널에서 ◐(흐림 효과 도구)에서 마우스 오른쪽 단추를 클릭하여 ▲(선명 효과 도구) 선택합니다.

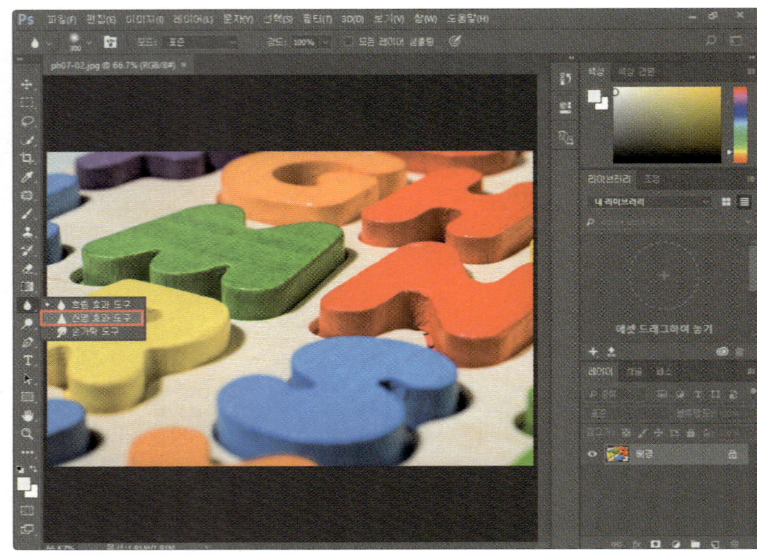

02 옵션 바에서 브러시 크기를 '70px', 강도는 '100%'로 설정합니다.

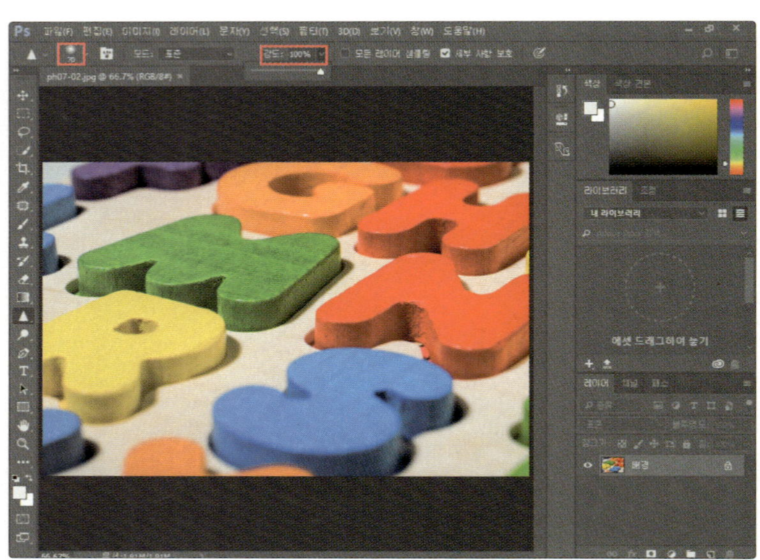

03 이미지에서 파란색 'S' 부분을 마우스로 드래그하면 이미지에 초점이 뚜렷하게 설정됩니다.

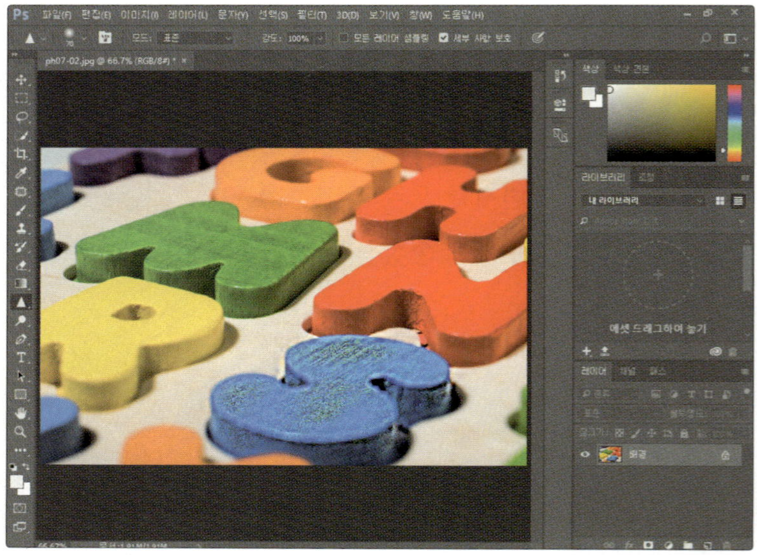

손가락 도구로 이미지 번짐 효과 만들기

01 'ph07-03.jpg' 파일을 불러온 후 [도구] 패널에서 (돋보기 도구)를 이용하여 이미지를 확대합니다.

02 [도구] 패널에서 (흐림 효과 도구)에서 마우스 오른쪽 단추를 클릭하여 (손가락 도구) 선택합니다.

03 옵션 바에서 브러시 크기를 '13px', 강도를 '60%'로 설정한 후 이미지의 촛불 부분을 마우스로 드래그하면 이미지가 손가락으로 문지른 듯한 효과가 설정됩니다.

번 도구로 이미지 어둡게 만들기

01 'ph07-04.jpg' 파일을 불러온 후 [도구] 패널에서 (빠른 선택 도구)를 이용하여 이미지의 하트 리본 부분만 선택합니다.

> **Tip** 빠른 선택 도구를 선택한 다음 이미지를 클릭하여 선택 영역을 설정할 수 있습니다. Alt 를 누른 상태로 선택된 영역을 클릭하면 선택된 영역이 해제됩니다.

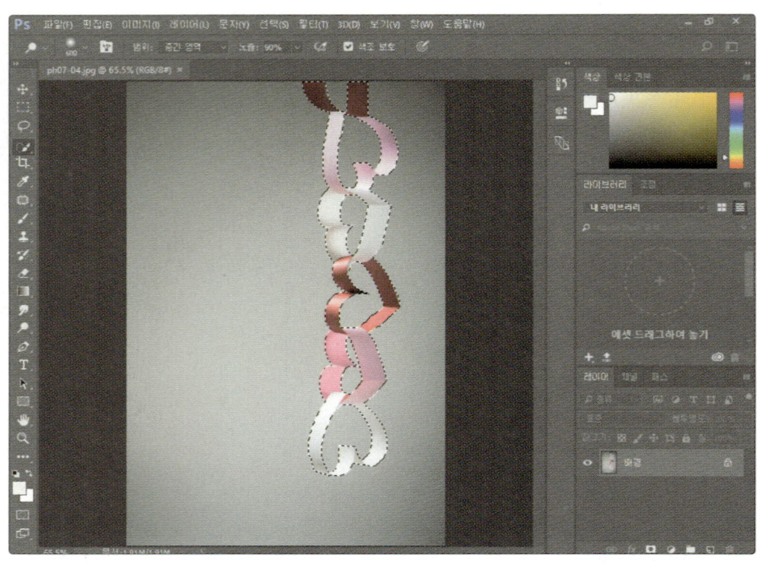

02 [도구] 패널의 (닷지 도구)에서 마우스 오른쪽 단추를 클릭하여 (번 도구)를 클릭합니다. 옵션 바에서 브러시 크기는 '70px', 노출은 '70%'로 설정합니다.

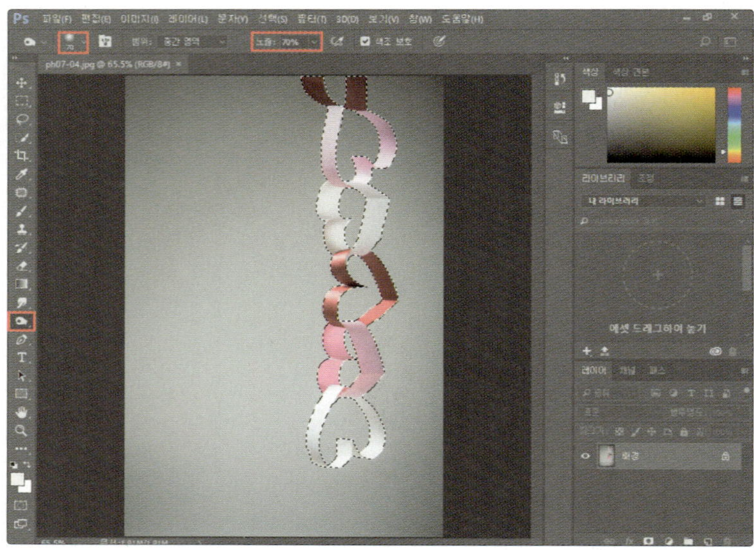

03 마우스로 드래그하면 선택 영역이 어둡게 설정되는 것을 확인할 수 있습니다.

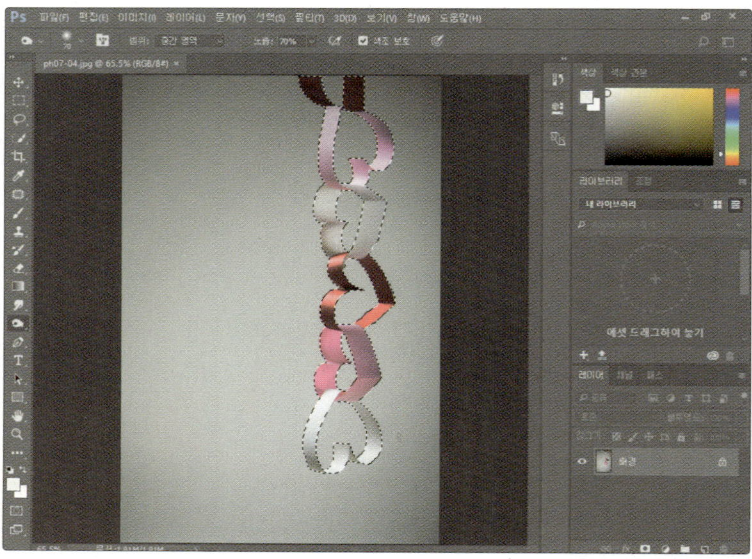

스폰지 도구로 이미지 선명하게 만들기

01 'ph07-05.jpg' 파일을 불러온 후 [도구] 패널의 ▣(닷지 도구)에서 마우스 오른쪽 단추를 클릭하여 ▣(스폰지 도구)를 선택합니다.

02 옵션 바에서 브러시 크기는 '200 px', 모드는 '채도 증가', 흐름은 '90%'로 설정합니다.

03 마우스로 선명하게 표현할 부분을 마우스로 드래그하면 해당 부분이 선명하게 변하는 것을 확인할 수 있습니다.

잡티와 적목현상 제거하기

01 'ph07-06.jpg' 파일을 불러옵니다. 스팟 복구 브러시로 잡티를 제거하기 위해 [도구] 패널에서 ▨(스팟 복구 브러시 도구)를 선택한 후 옵션 바에서 브러시 크기는 '40px', 유형은 '근접 일치' 로 선택합니다.

02 이마 부분의 점 부분을 마우스로 클릭하면 얼굴에서 점이 제거되는 것을 확인할 수 있습니다.

03 패치 도구를 이용하여 잡티를 제거하기 위해 [도구] 패널에서 ▨(스팟 복구 브러시 도구)에서 마우스 오른쪽 단추를 클릭하여 ▨(패치 도구)를 선택합니다.

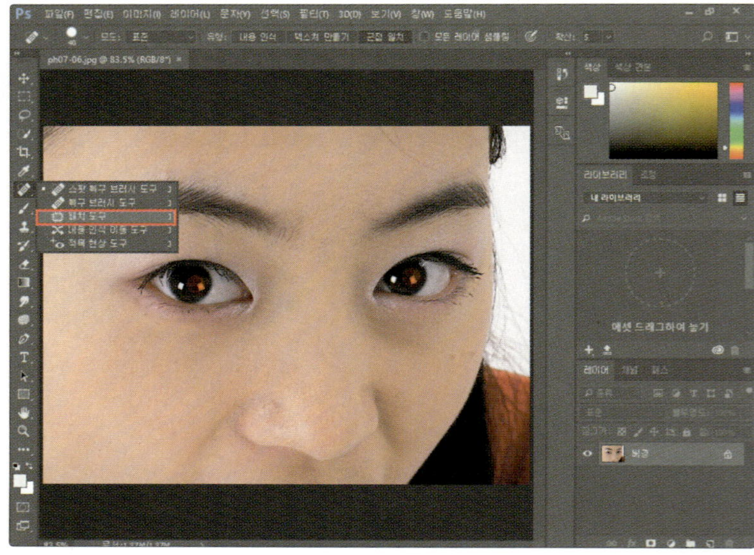

04 오른쪽 눈 아래 있는 점 부분을 마우스로 드래그하여 영역을 설정한 다음 마우스로 설정된 영역 부분을 아래쪽으로 드래그합니다.

05 다음과 같이 잡티가 사라진 것을 확인할 수 있습니다. 이번에는 빨간 눈동자를 보정하기 위해 [도구] 패널의 ▨(스팟 복구 브러시 도구)에서 마우스 오른쪽 단추를 클릭하여 ▨(적목 현상 도구)를 클릭합니다.

06 옵션 바에서 눈동자 크기와 어둡게 할 양을 각각 '50%'로 설정하고 왼쪽 눈동자의 빨간 부분을 클릭합니다. 같은 방법으로 오른쪽 눈동자의 빨간 부분을 클릭하면 적목 현상으로 빨간 눈동자가 검정으로 변한 것을 확인할 수 있습니다.

기초문제

01 '팔.jpg'를 불러와 패치 도구를 이용하여 잡티를 제거해 보세요.

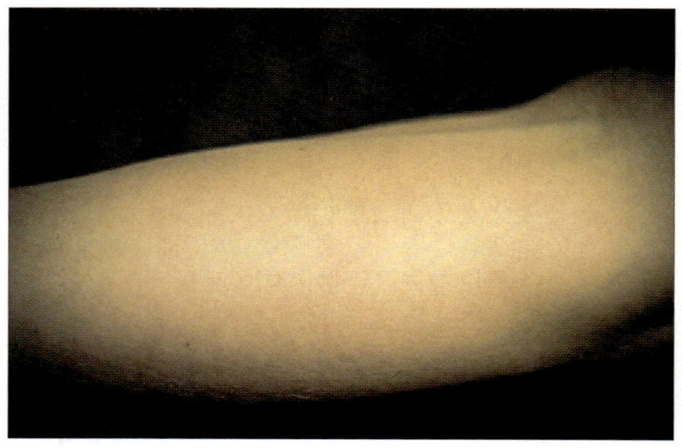

▶ 완성파일 : 팔_완성.jpg

02 '신발.jpg'를 불러와 흐림 효과 도구를 이용하여 신발을 제외한 이미지를 흐리게 표현해 보세요.

▶ 완성파일 : 신발_완성.jpg

03 '골프.jpg'를 불러와 닷지 도구를 이용하여 이미지를 밝게 표현해 보세요.

▶ 완성파일 : 골프_완성.jpg

01 '잡티.jpg' 파일을 불러와 잡티를 제거하고, 빨간 눈의 적목 현상을 제거해 보세요.

▶ 완성파일 : 잡티_완성.jpg

02 '이슬.jpg' 스폰지 도구를 이용하여 다음과 같이 이미지 배경의 채도를 조절해 보세요.

▶ 완성파일 : 이슬_완성.jpg

03 '물감.jpg'와 '팔레트.jpg' 파일을 불러와 다음과 같이 이미지를 자연스럽게 합성해 보세요.

▶ 완성파일 : 물감_완성.psd

08
SECTION

이미지 색 보정하기

레벨, 커브, 노출 등의 값을 조절하여 역광으로 어두운 이미지를 자연스럽게 보정할 수 있으며, 이미지의 가장 밝은 부분과 가장 어두운 부분의 명도와 채도를 조절할 수 있습니다.

PREVIEW

▲ 완성파일 : ph08-02_완성.jpg

▲ 완성파일 : ph08-03_완성.jpg

▲ 완성파일 : ph08-04_완성.jpg

▲ 완성파일 : ph08-01_완성.jpg

▲ 완성파일 : ph08-05_완성.jpg

▲ 완성파일 : ph08-05_완성.jpg

학습내용

실습 01 레벨로 밝은 이미지 어둡게 설정하기

실습 02 곡선으로 명도와 대비 조절하기

실습 03 활기 기능으로 채도 조절하기

실습 04 색상/색조로 색 변경하기

실습 05 그레이디언트 맵으로 빈티지 사진 만들기

실습 06 흑백 이미지 컬러 입히기

체크포인트

- 레벨 또는 곡선을 이용하여 어두운 이미지 또는 밝은 이미지의 명도와 대비를 조절할 수 있습니다.
- 활기 기능을 이용하여 자연스럽게 채도를 유지하면서 선명하게 보이는 것을 확인할 수 있습니다.
- 색조와 채도를 조절하여 원하는 색으로 이미지의 색을 조정할 수 있습니다.
- 그레이디언트 맵으로 흑백이미지를 만들 수 있습니다

레벨로 밝은 이미지 어둡게 설정하기

01 'ph08-01.jpg' 파일을 불러옵니다. [이미지]-[조정]-[레벨]을 클릭합니다.

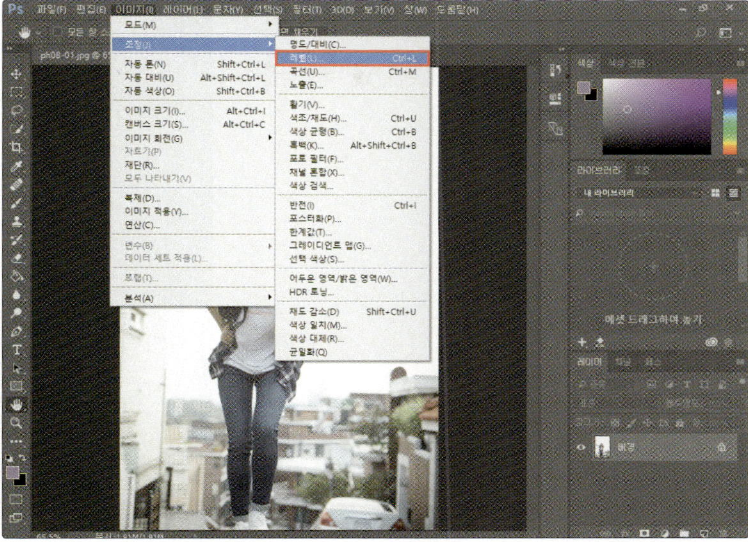

02 [레벨] 대화상자에서 왼쪽 어두운 탭을 오른쪽 방향으로 드래그하여 어두운 부분을 어둡게 조절합니다.

03 가운데 탭을 오른쪽으로 드래그하여 색상 대비를 조절한 후 [확인]을 클릭합니다.

곡선으로 명도와 대비 조절하기

01 'ph08-02.jpg' 파일을 불러옵니다. [이미지]-[조정]-[곡선]을 클릭합니다.

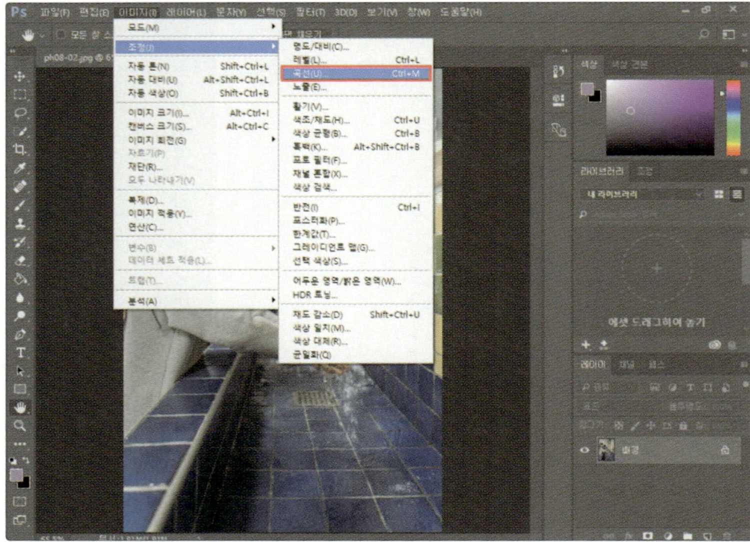

02 [곡선] 대화상자에서 오른쪽 커브 선을 위쪽 방향으로 드래그하여 밝은 부분을 더 밝게 조절합니다.

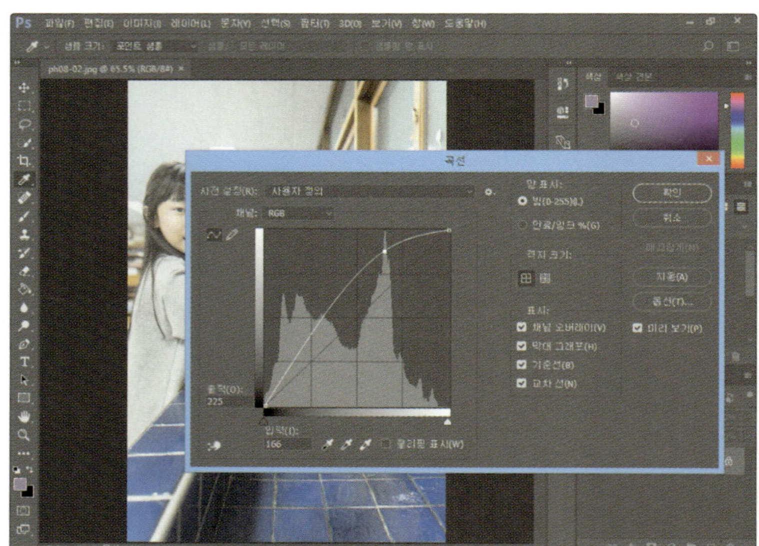

03 왼쪽 아래 커브 선을 아래쪽으로 드래그하여 어두운 부분을 더 어둡게 조절한 후 [확인]을 클릭합니다.

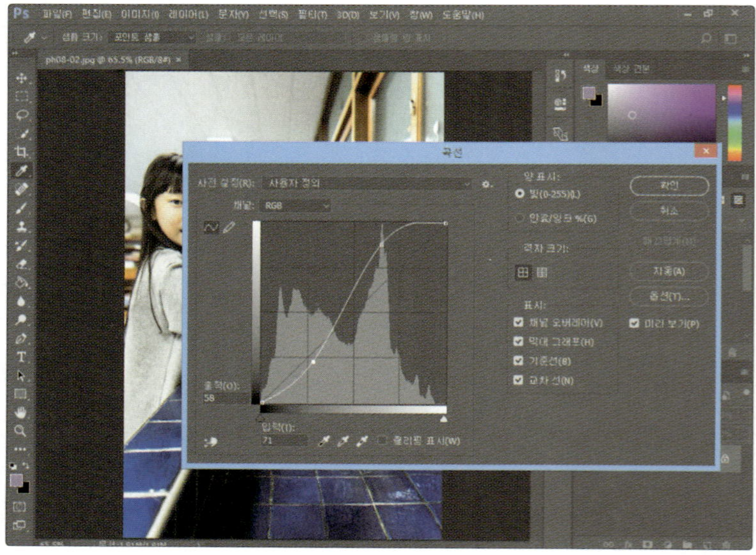

활기 기능으로 채도 조절하기

01 'ph08-03.jpg' 파일을 불러옵니다. [이미지]-[조정]-[활기]를 클릭합니다.

02 [활기] 대화상자에서 활기 값은 '80', 채도 값은 '50'으로 설정한 후 [확인]을 클릭합니다.

03 다음과 같이 색상이 자연스럽게 채도를 유지하면서 선명하게 보이는 것을 확인할 수 있습니다.

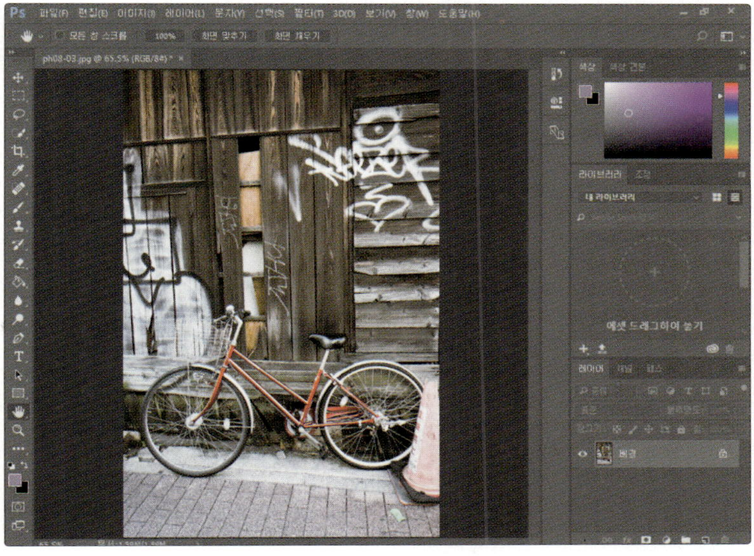

실습 04 색상/색조로 색 변경하기

01 'ph08-04.jpg' 파일을 불러옵니다. [도구] 패널에서 ☑(빠른 선택 도구)를 선택한 다음 이미지의 입술 부분을 영역으로 설정합니다.

02 [이미지]-[조정]-[색조/채도]를 클릭합니다. [색조/채도] 대화상자에서 색조는 '-37', 채도는 '+8'로 설정한 후 [확인]을 클릭합니다.

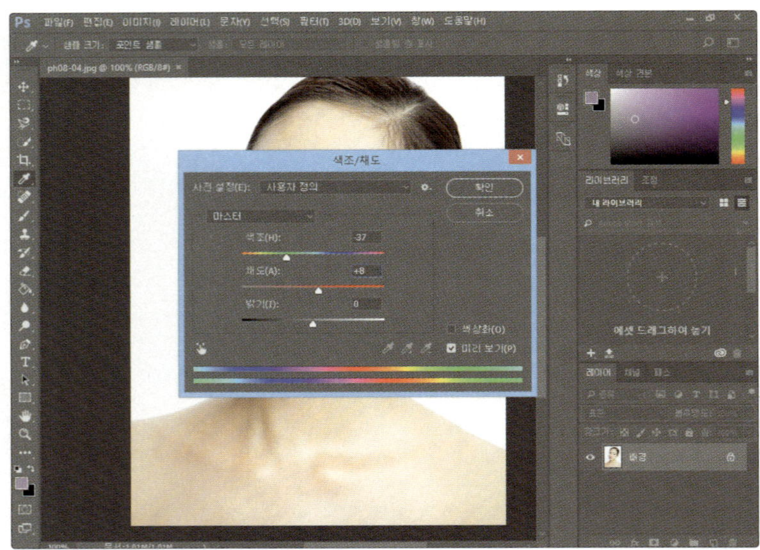

03 다음과 같이 영역으로 설정한 입술 부분의 색이 변경된 것을 확인할 수 있습니다.

그레이디언트 맵으로 빈티지 사진 만들기

01 'ph08-05.jpg' 파일을 불러온 다음 [이미지]-[조정]-[그레이디언트 맵]을 클릭합니다.

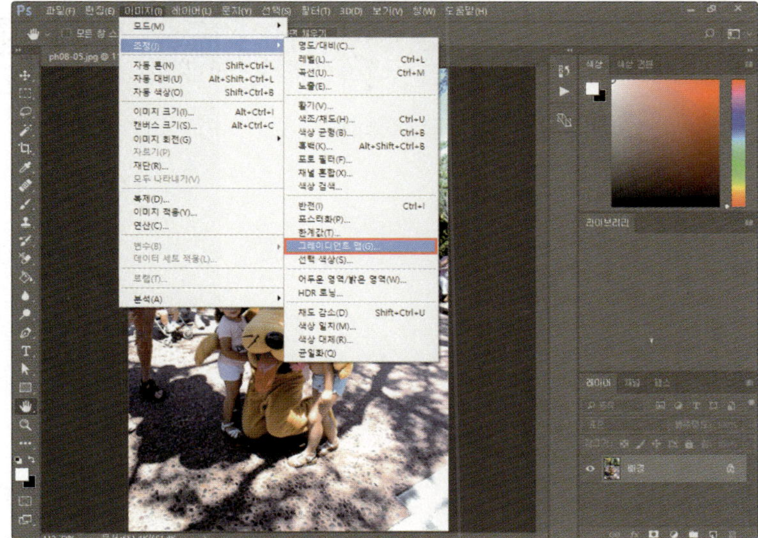

02 [그레이디언트 맵] 대화상자에서 색상 슬라이더를 클릭합니다.

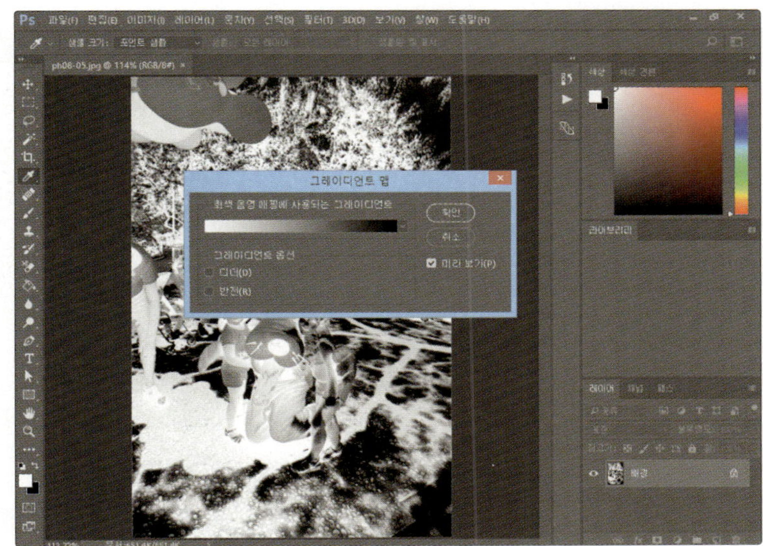

03 [그레이디언트 편집기] 대화상자에서 ⚙(설정)을 클릭하여 [사진 토닝]을 클릭합니다.

04 현재 그레이디언트를 사진 토닝으로 대체할 것인지 묻는 대화상자가 나타나면 [확인]을 클릭합니다.

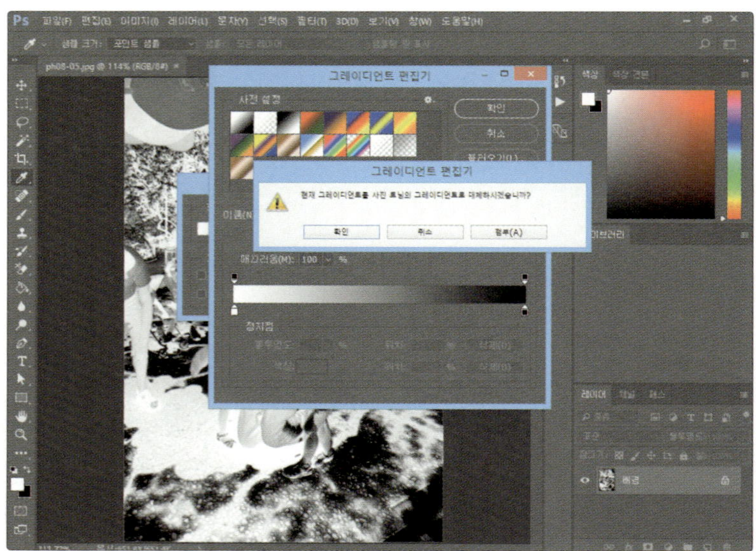

05 사진 토닝 그레이디언트가 나타나면 '암갈색5'를 선택하고 [확인]을 클릭합니다.

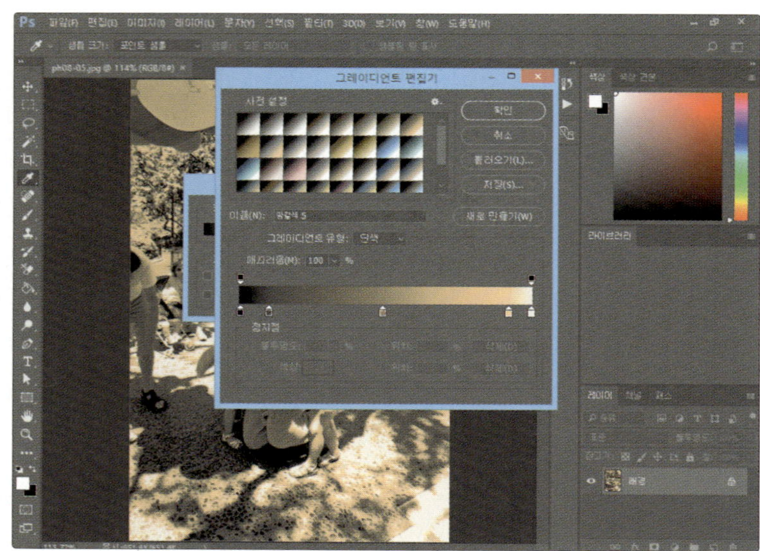

06 [그레이디어트 맵] 대화상자에서 [확인]을 클릭합니다.

흑백 이미지 컬러 입히기

01 'ph08-06.jpg'를 불러온 다음 이미지를 흑백으로 만들기 위해 [이미지]-[조정]-[그레이디언트 맵]을 클릭합니다.

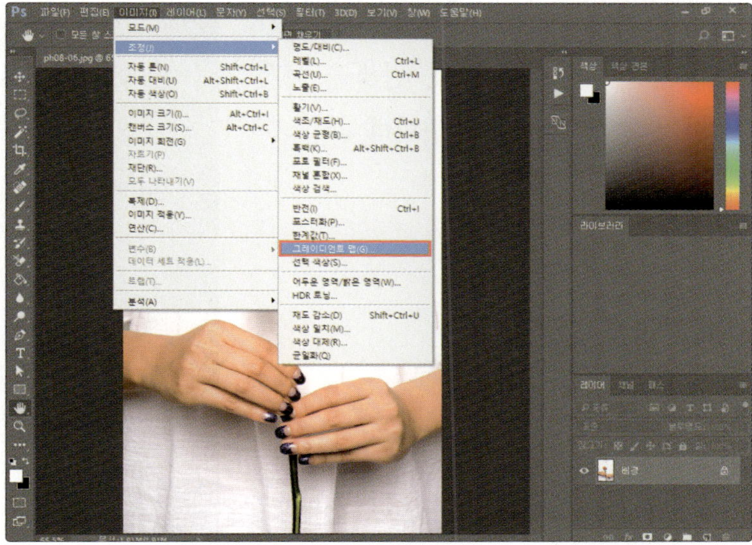

02 [그레이디언트 맵] 대화상자의 색상 슬라이더를 클릭하여 나타난 [그레이디언트 편집기] 대화상자에서 ⚙ (설정)을 클릭하여 [그레디언트 재설정]을 클릭합니다.

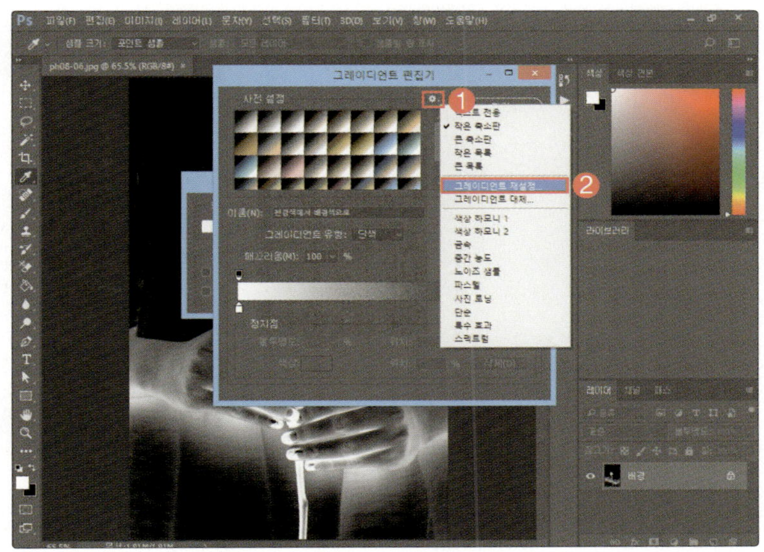

03 [그레이디언트 편집기] 대화상자에서 기본 그레이디언트로 변경 유무를 묻는 대화상자에서 [확인]을 클릭합니다.

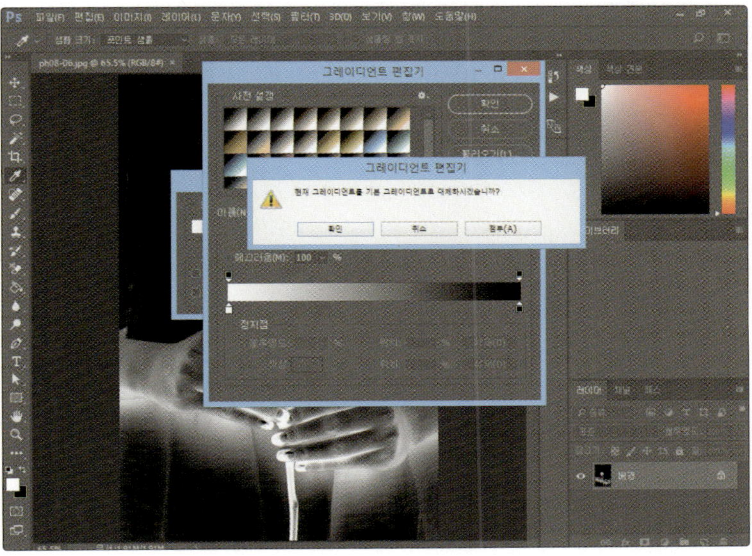

04 [그레이디언트 편집기] 대화상자의 사전 설정에서 '검정, 흰색'을 선택한 후 [확인]을 클릭합니다.

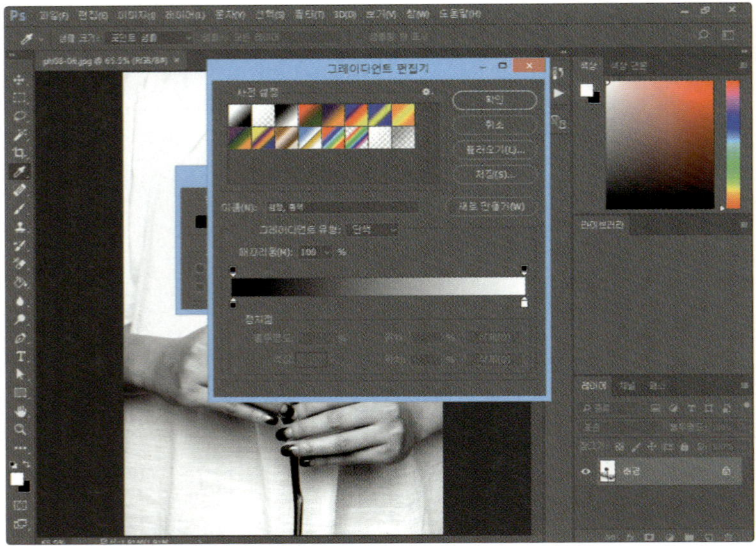

05 [그레이디언트 맵]에서 [확인]을 클릭합니다.

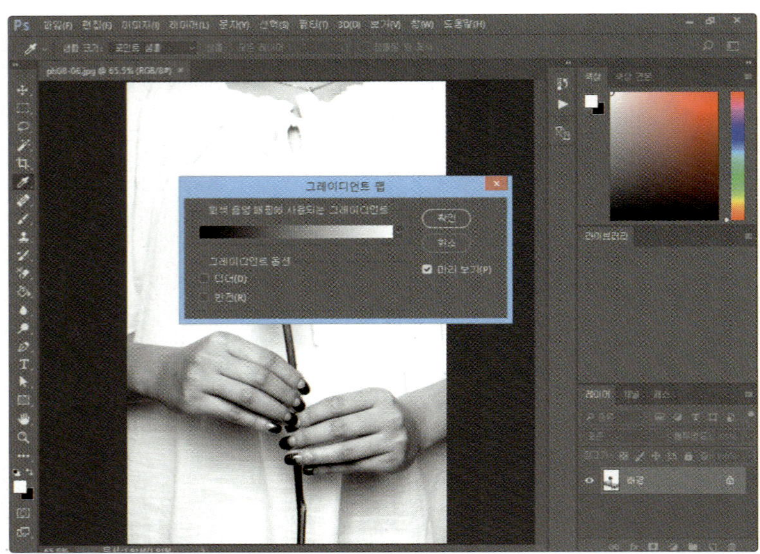

06 [도구] 패널에서 ▨(빠른 선택 도구)를 선택하여 장미 꽃 부분을 클릭하여 영역을 설정합니다.

07 [도구] 패널에서 (작업 내역 브러시 도구)를 선택한 다음 옵션 바에서 브러시 크기를 조절한 선택 영역을 드래그합니다.

08 [이미지]−[조정]−[색조/채도]를 클릭합니다. [색조/채도] 대화상자에서 다음과 같이 색조와 채도를 조절한 후 [확인]을 클릭합니다.

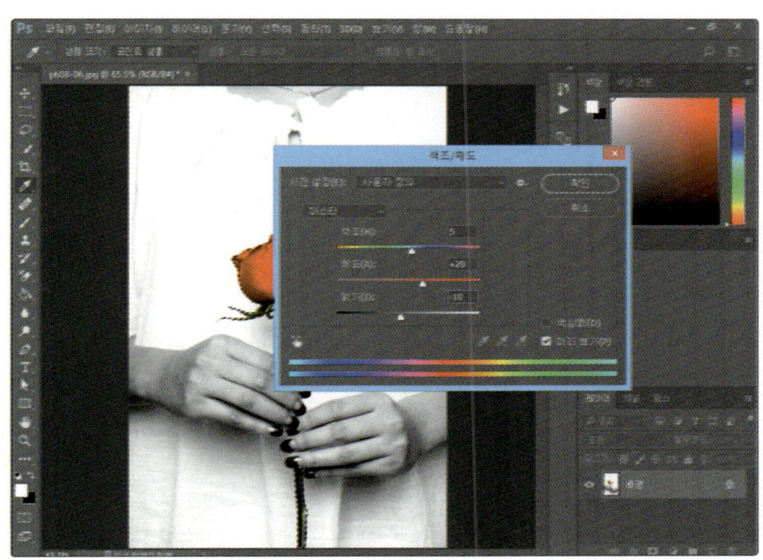

09 선택 영역의 이미지 색이 진하게 변경된 것을 확인할 수 있습니다.

01 ‘풍경.jpg’ 파일을 불러와 노출값을 설정하여 이미지를 수정해 보세요.

▶ 완성파일 : 풍경_완성.jpg

02 ‘석양.jpg’ 파일을 불러와 곡선 기능을 이용하여 어두운 이미지가 잘 보이도록 보정해 보세요.

▶ 완성파일 : 석양_완성.jpg

03 ‘헤어.jpg’ 파일을 불러와 색조/채도 기능을 이용하여 머리 부분의 색을 바꿔 보세요.

▶ 완성파일 : 헤어_완성.jpg

심화문제

01 '손.jpg'의 이미지 색을 변경한 다음 '배경.psd' 파일을 불러와 이미지를 합성해 보세요.

▶ 완성파일 : 배경_완성.psd

02 '소풍.jpg' 파일을 불러와 그레이디언트 맵을 이용하여 이중톤을 설정하여 빛바랜 사진을 만들어 보세요.

▶ 완성파일 : 소풍_완성.jpg

03 '연꽃.jpg' 파일을 불러와 흑백 사진으로 변경한 다음 연꽃의 컬러만 나타나도록 해보세요.

▶ 완성파일 : 연꽃_완성.jpg

09 SECTION 카메라 로우 필터로 이미지 보정하기

카메라 로우 필터로 레벨, 커브, 노출 등의 값을 조절하여 역광으로 어두운 이미지를 자연스럽게 보정할 수 있으며, 이미지의 가장 밝은 부분과 가장 어두운 부분의 명도와 채도를 조절할 수 있습니다.

PREVIEW

▲ 완성파일 : ph09-01_완성.jpg

▲ 완성파일 : ph09-02_완성.jpg

▲ 완성파일 : ph09-03_완성.jpg

▲ 완성파일 : ph09-04_완성.jpg

학습내용

실습 01 별색 제거 기능으로 불필요한 이미지 삭제하기

실습 02 방사형 필터로 이미지 편집하기

실습 03 흑백 이미지 만들기

실습 04 듀오톤 이미지 만들기

체크포인트

● 카메라 로우 필터를 활용하는 방법에 대해 알 수 있습니다.

● 방사형 필터를 이용하여 비네트 효과를 줄 수 있습니다.

● 이미지를 흑백으로 만들거나 듀오톤 이미지를 만들 수 있습니다.

별색 제거 기능으로 불필요한 이미지 삭제하기

01 'ph09-01.jpg' 파일을 불러온 다음 [필터]-[Camera Raw 필터]를 클릭합니다.

02 [Camera Raw] 대화상자가 나타나면 이미지 밝기를 조절하기 위해 오른쪽 패널에서 ▦(톤 곡선)을 선택한 다음 [점] 탭을 클릭하여 곡선을 S자 형태로 드래그합니다.

03 갈매기를 지우기 위해 [도구] 패널에서 ▨(별색 제거)를 선택한 다음 브러시 크기는 '40', 페더는 '0'으로 설정합니다.

04 삭제할 갈매기를 마우스로 클릭하면 이미지에서 가장 최적의 배경 부분이 자동으로 선택한 영역에 채워집니다.

05 같은 방법으로 갈매기를 다음과 같이 삭제한 후 [확인]을 클릭합니다.

알아두기 | Camera Raw 도구

🔍 돋보기 도구 : 이미지를 확대하고 `Alt`를 누른 상태로 클릭하면 축소됩니다.

✋ 손 도구 : 확대된 이미지를 이동할 수 있습니다.

✐ 흰색 균형 도구 : 흰색을 기준으로 이미지를 보정할 수 있습니다.

✦ 색상 샘플러 도구 : 색상 견본을 추출합니다.

➕ 지정된 조정 도구 : 마우스로 이미지를 드래그하면 마우스 포인터 위치의 색상을 기준으로 색상과 채도가 조절됩니다.

▣ 변형 도구 : 이미지의 비율과 회전, 크기 등을 변형시킬 수 있습니다.

✐ 별색 제거 : 선택한 영역을 자연스럽게 삭제할 수 있습니다.

➕ 적목 현상 제거 : 눈동자의 적목 현상을 보정할 수 있습니다.

✐ 조정 브러시 : 특정 영역의 노출, 대비, 색조 등을 조절할 수 있습니다.

▭ 그레쥬에이티드 필터 : 이미지에 그레이디언트 효과를 설정할 수 있습니다.

◯ 방사형 필터 : 방사형 모양의 영역으로 보정할 수 있습니다.

방사형 필터로 이미지 편집하기

01 'ph09-02.jpg' 파일을 불러온 다음 [필터]-[Camera Raw 필터]를 클릭합니다.

02 옵션 바에서 ⬛(방사형 필터)를 선택한 다음 Shift를 누른 상태로 드래그하여 영역을 설정합니다.

03 오른쪽 패널에서 검정 계열은 '-70', 선명도는 '-50', 페더는 '100', 효과는 '바깥쪽'으로 지정합니다. 원형으로 선택된 바깥쪽 영역에 필터 옵션이 적용되어 어둡게 표시된 것을 확인할 수 있습니다.

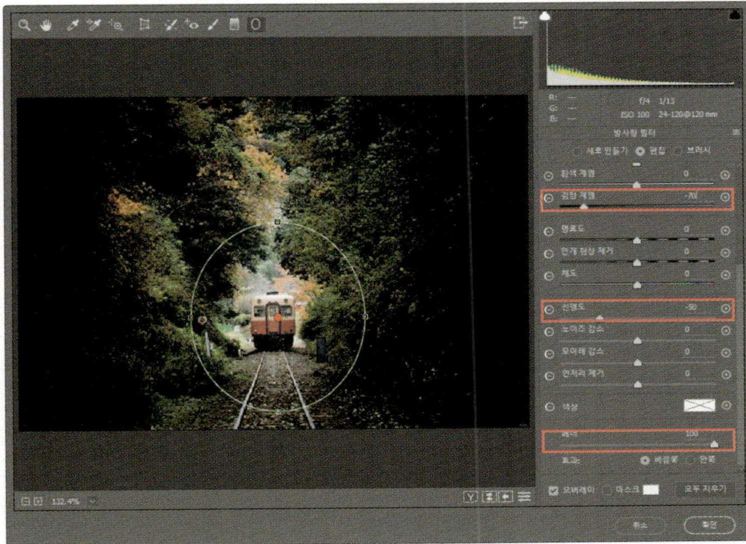

흑백 이미지 만들기

01 'ph09-03.jpg' 파일을 불러온 다음 [필터]-[Camera Raw 필터]를 클릭합니다. 오른쪽 패널에서 ▣(기본)이 선택되어 있는 상태에서 채도를 '-100'으로 설정합니다.

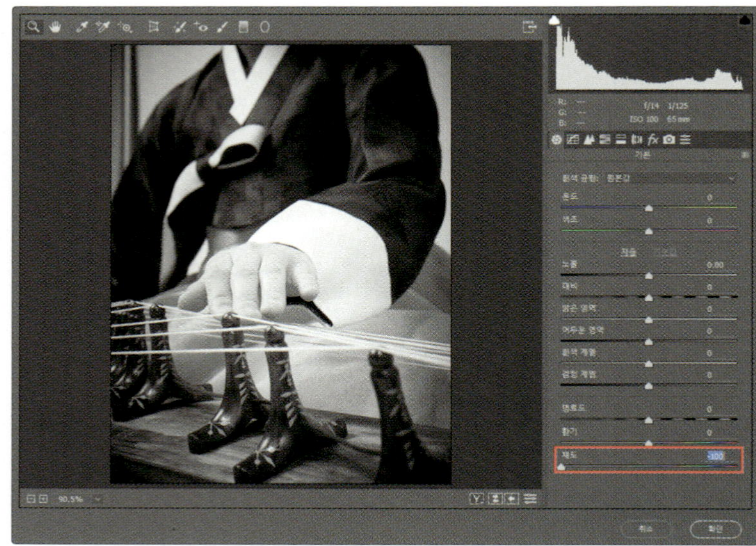

02 이미지의 흐릿한 부분을 제거하기 위해 명료도를 '100'으로 설정합니다.

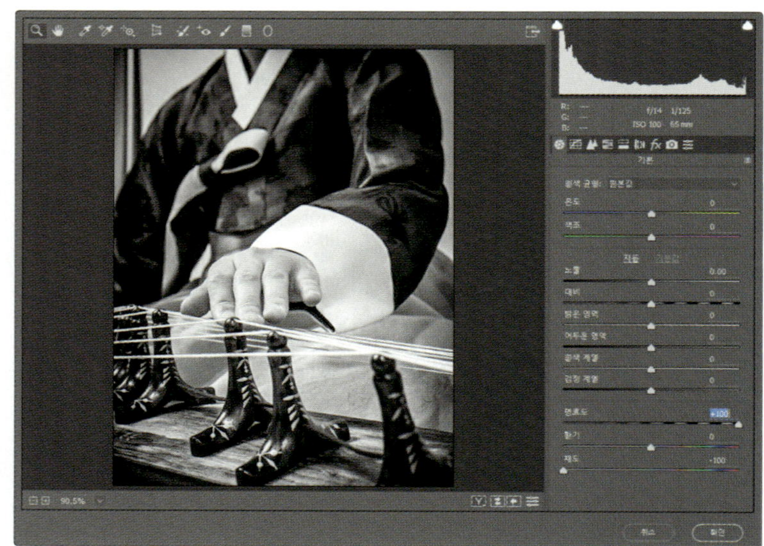

03 ▣(세부)를 클릭한 다음 이미지의 경계선을 선명하게 하기 위해 선명 효과의 양을 '50'으로, 노이즈를 줄이기 위해 광도를 각 '20'으로 설정하고 [확인]을 클릭합니다.

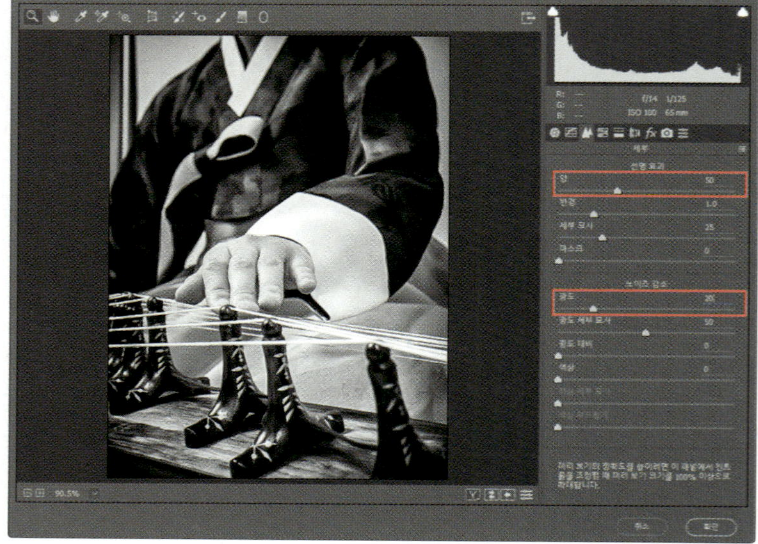

듀오톤 이미지 만들기

01 'ph09-04.jpg' 파일을 불러온 다음 [필터]-[Camera Raw 필터]를 클릭합니다.

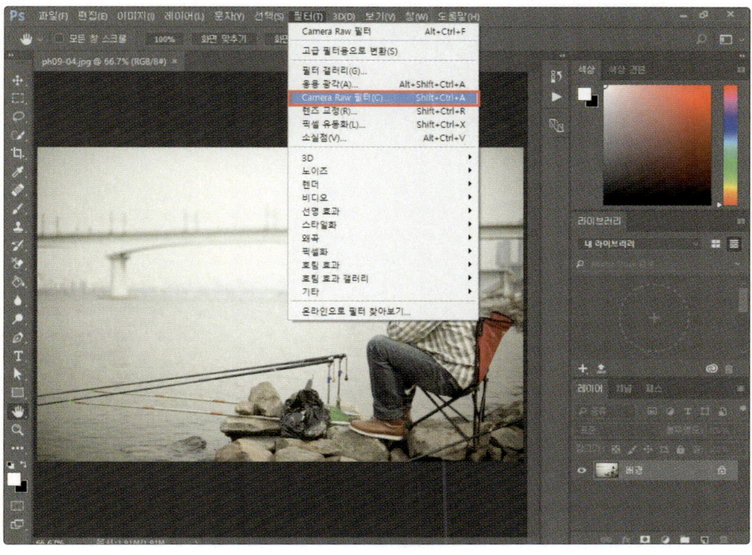

02 이미지를 회색으로 바꾸기 위해 오른쪽 패널에서 ▤(HSL/회색 음영)을 선택한 다음 [회색 음영으로 변환]에 체크 표시를 합니다.

03 ▤(토닝 분할)을 클릭하여 색조는 '60', 채도는 '80'으로 설정한 후 [확인]을 클릭하면 듀오톤 이미지가 완성됩니다.

> **Tip** 색조 값을 조절하여 원하는 색으로 듀오톤 이미지를 완성할 수 있습니다.

01 '노란꽃.jpg' 파일을 불러와 Camera Raw 필터를 이용하여 별색 제거로 꽃잎을 지워 보세요.

▶ 완성파일 : 노란꽃_완성.jpg

02 '반지.jpg' 파일을 불러와 Camera Raw 필터를 이용하여 이미지를 선명하게 조절해 보세요.

▶ 완성파일 : 반지_완성.jpg

03 '음식.jpg' 파일을 불러와 Camera Raw 필터를 이용하여 듀온톤 이미지를 만들어 보세요.

▶ 완성파일 : 음식_완성.jpg

01 '아이.jpg' 파일을 불러와 Camera Raw 필터를 이용하여 비네팅 효과를 만들어 보세요.

힌트 Camera Raw 필터를 실행한 다음 fx(효과)를 클릭하여 비네팅 효과를 설정할 수 있습니다.

▶ 완성파일 : 아이_완성.jpg

02 '호수.jpg' 파일을 불러와 이미지를 Camera Raw 필터를 이용하여 흑백 사진으로 만들어 보세요.

▶ 완성파일 : 호수_완성.jpg

03 '액자.jpg' 파일을 불러와 Camera Raw 필터를 이용하여 기울어진 이미지를 똑바르게 변형시켜 보세요.

힌트 Camera Raw 필터를 실행한 다음 ▦(변형 도구)를 이용하여 이미지를 변형시킬 수 있습니다.

▶ 완성파일 : 액자_완성.jpg

10
SECTION

레이어 다루기

레이어(Layer)에 대한 개념 대해 알아보고 레이어를 추가, 삭제하는 방법과 이미지를 합성하여 보다 멋있는 예술 사진을 만들 수 있습니다.

PREVIEW

▲ 완성파일 : ph10-01_완성.psd

▲ 완성파일 : 10-04_완성.psd

▲ 완성파일 : ph10-05_완성.psd

학습내용

실습 01 스냅 사진 만들기

실습 02 블랜딩 모드로 합성하기

실습 03 레이어 스타일을 이용하여 테두리 만들기

실습 04 조정 레이어로 색상 변경하기

체크포인트

- 레이어에 대한 의미를 알 수 있습니다.
- 블랜딩 모드로 레이어를 자연스럽게 합성할 수 있습니다.
- 레이어 스타일을 이용하여 선택한 레이어에 테두리, 그림자, 경사 등의 효과를 줄 수 있습니다.
- 조절 레이어로 레이어의 채도나 색조를 조절할 수 있습니다.

알아두기 | 레이어의 구조

➤ 레이어란

레이어란 투명한 셀로판지와 비슷한 개념으로 여러개
의 셀로판지에 각각 그림을 그린 후 하나로 겹치면 여
러 개의 그림이 하나처럼 보이는 원리입니다. 레이어
는 일반 레이어, 배경 레이어, 문자 레이어, 스마트 레
이어가 있습니다.

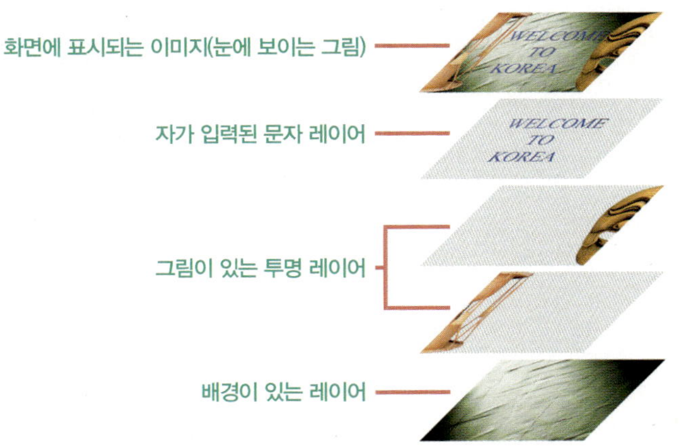

➤ [레이어] 패널

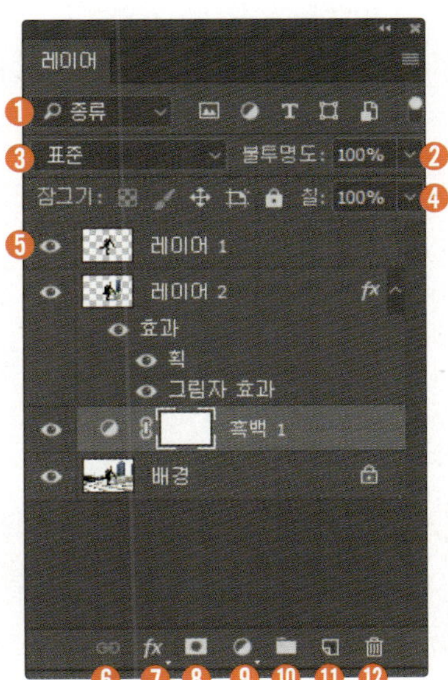

❶ 블렌딩 모드 : 선택한 레이어와 바로 아래 있는 레이어의 합성 방식 설정할 수 있
　　　　　　습니다.

❷ 불투명도 : 선택한 레이어의 불투명도를 설정할 수 있습니다.

❸ 잠그기
　– 투명한 영역 잠금 : 이미지가 없는 투명한 영역에서 작업을 할 수 없습니다.
　– 이미지 영역 잠금 : 이미지에 채우기 등의 작업을 할 수 없습니다.
　– 이미지 이동 잠금 : 이미지를 이동시키 없습니다.
　– 모두 잠그기 : 레이어에 어떤 작업도 할 수 없습니다.

❹ 칠 : 색상 영역의 불투명도를 조절합니다.

❺ 눈 단추 : 레이어를 화면에 표시하거나 숨길 수 있습니다.

❻ 링크 추가 : 선택한 두 개 이상의 레이어를 하나로 연결하여 한번에 이동하기 쉽
　　　　　　습니다.

❼ 레이어 스타일 추가 : 레이어의 다양한 스타일을 설정할 수 있습니다.

❽ 레이어 마스크 추가 : 선택한 레이어에 마스크를 설정할 수 있습니다.

❾ 보정 레이어 : 레이어의 색상, 밝기, 채도 등을 설정할 수 있는 레이어가 삽입됩니다.

❿ 레이어 그룹 : 레이어를 그룹으로 묶어 관리 할 수 있습니다.

⓫ 새 레이어 추가 : 새로운 레이어를 추가합니다.

⓬ 레이어 삭제 : 레이어를 삭제할 수 있습니다.

스냅 사진 만들기

01 [파일]-[새로 만들기]를 클릭합니다. [새로 만들기 문서] 대화상자에서 폭은 '1358 픽셀', 높이는 '1063 픽셀', 해상도는 '72 픽셀/인치'로 설정한 후 [제작]을 클릭합니다.

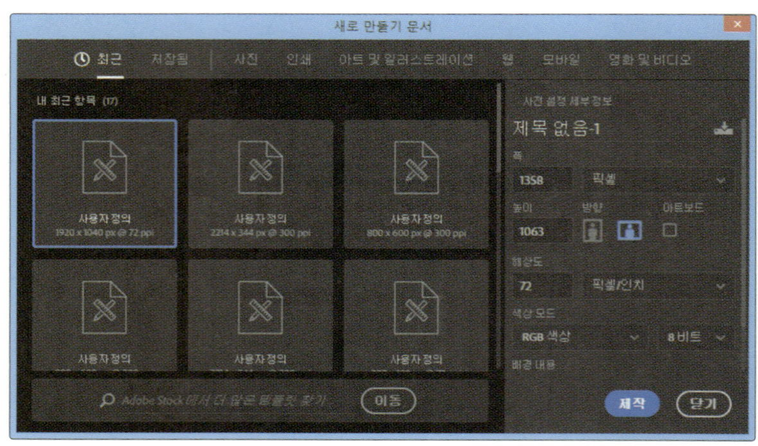

02 [파일]-[열기]를 클릭하여 'ph10-01.jpg'와 'ph10-02.jpg'를 불러옵니다. 'ph10-01.jpg' 이미지 창에서 Ctrl+A를 눌러 이미지 전체를 선택한 다음 Ctrl+C를 눌러 복사합니다.

03 제목 없음-1 창에서 Ctrl+V를 눌러 복사한 이미지을 붙여넣으면 [레이어] 패널에 '레이어 1'이 삽입되면서 복사된 이미지가 붙여넣기 됩니다.

04 [도구] 패널에서 ⊕(이동 도구)를 클릭하여 이미지를 적당한 위치로 드래그하여 이동시킵니다.

05 같은 방법으로 'ph10-02.jpg' 창에서 Ctrl+A를 눌러 이미지 전체를 선택한 다음 Ctrl+C를 눌러 복사합니다.

06 제목 없음 -1 창에서 Ctrl+V를 눌러 복사한 이미지를 붙여넣기하면 '레이어 2'가 삽입됩니다. 이미지를 드래그하여 다음과 같이 이동시킵니다.

> **Tip** 레이어 삭제 : 삭제할 레이어를 [레이어] 패널의 🗑(휴지통)으로 드래그하여 지울 수 있습니다.

07 이미지 경계선을 자연스럽게 하기 위해 [도구] 패널에서 (지우개 도구)를 클릭합니다. 옵션 바에서 부드러운 원 브러시를 선택한 후 크기를 '50px'로 설정합니다.

08 '레이어 2'가 선택된 상태에서 Shift를 누른 상태로 사진의 가운데 경계선을 드래그하여 지워줍니다.

09 레이어의 이름을 변경하기 위해 [레이어] 패널에서 '레이어 1' 이름 부분을 더블 클릭합니다.

10 레이어 이름을 "여행"으로 입력하고 Enter 를 누릅니다.

11 같은 방법으로 '레이어 2'의 이름을 더블 클릭하여 수정 상태로 변경한 다음 '해변'으로 입력하고 Enter 를 누릅니다.

12 [파일]-[열기]를 클릭하여 'ph10-03.png'를 불러옵니다. 레어어 패널에서 [레이어 0]을 선택합니다. 레이어 0의 이미지 부분을 Ctrl 을 누른 상태로 클릭하여 이미지 영역을 선택한 다음 Ctrl + C 를 눌러 복사합니다.

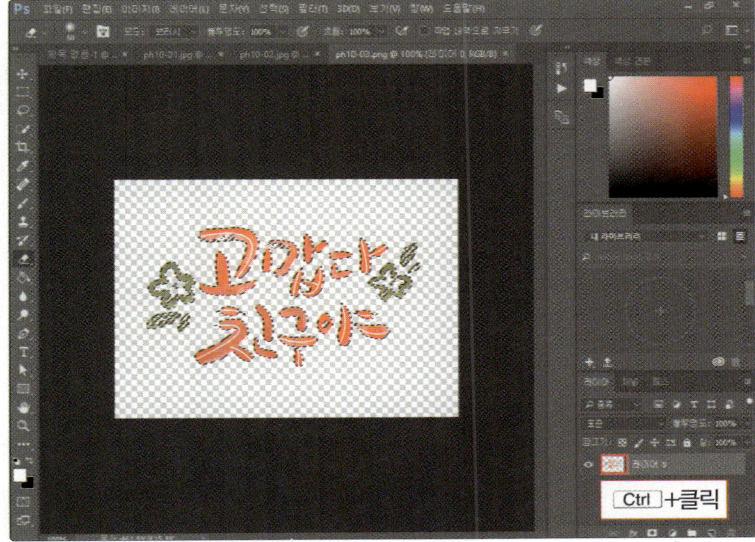

13 제목 없음–1 창에서 Ctrl + V 를 눌러 복사한 이미지을 붙여 넣은 다음 이미지를 적당한 위치로 이동시 킵니다.

14 합성한 이미지를 저장하기 위해 [파일]–[저장]을 클릭합니다. [다른 이름으로 저장] 대화상자에서 파일 이름을 '여행'으로 입력하고 [저장]을 클릭합니다.

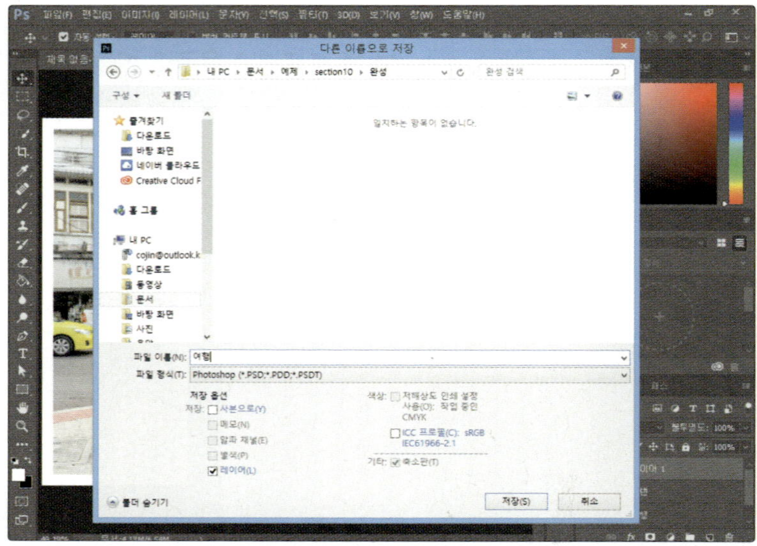

15 [Photoshop 형식 옵션] 대화상자가 나타나면 [확인]을 클릭합니다.

블랜딩 모드로 합성하기

01 'ph10-04.jpg'와 '무궁화.jpg' 파일을 불러옵니다. '무궁화.jpg' 창에서 Ctrl + A 를 눌러 이미지 전체를 선택한 다음 Ctrl + C 를 눌러 복사합니다.

02 'ph10-04.jpg' 창에서 Ctrl + V 를 눌러 복사한 이미지을 붙여 넣은 다음 [레이어] 패널에서 블랜딩 모드 목록 단추를 클릭하여 '스크린'을 선택합니다.

03 [도구] 패널에서 ✎(지우개 도구)를 클릭하여 옵션 바에서 브러시 크기를 적당히 조절한 후 다음과 같이 무궁화 꽃의 여백 부분을 지워 완성합니다.

> **Tip** [ ] : 브러시 크기를 줄입니다.
> [ ] : 브러시 크기를 키웁니다.

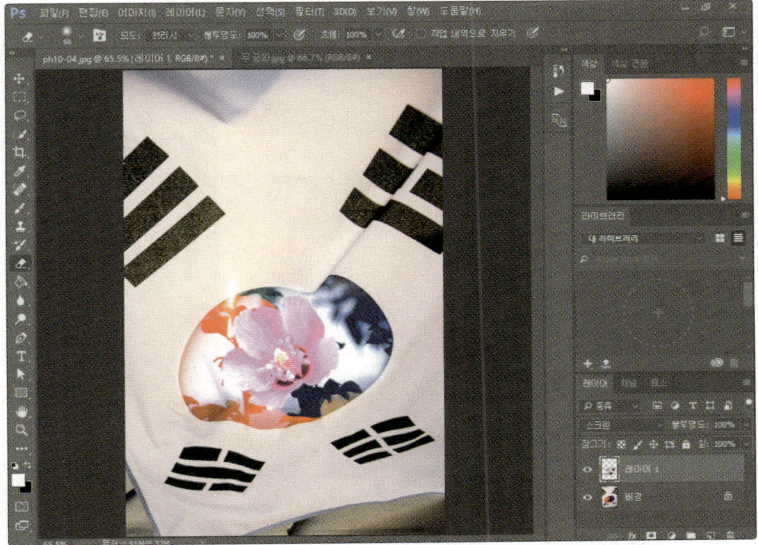

레이어 스타일을 이용하여 테두리 만들기

01 'ph10-05.jpg' 파일을 불러옵니다. [도구] 패널에서 (빠른 선택 도구)를 선택한 다음 인물을 드래그하여 선택 영역을 설정합니다.

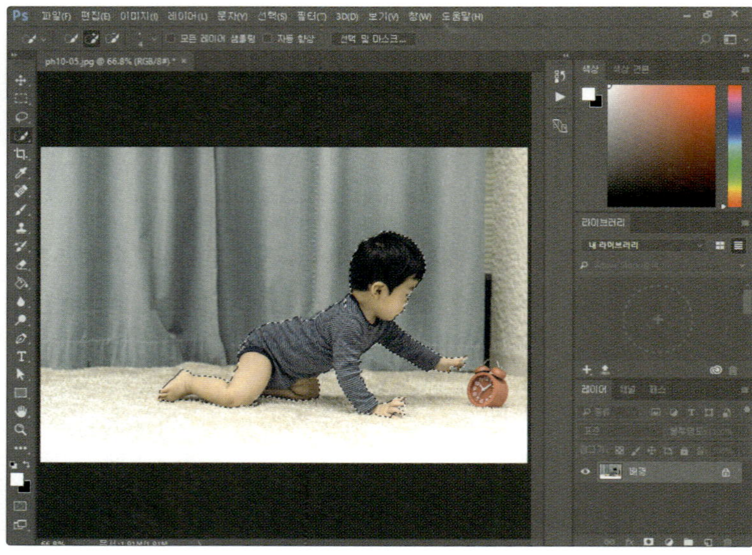

02 영역이 선택되면 Ctrl + C 를 눌러 복사한 다음 Ctrl + V 를 누르면 레이어 1이 삽입되면서 선택한 영역이 붙여넣기됩니다.

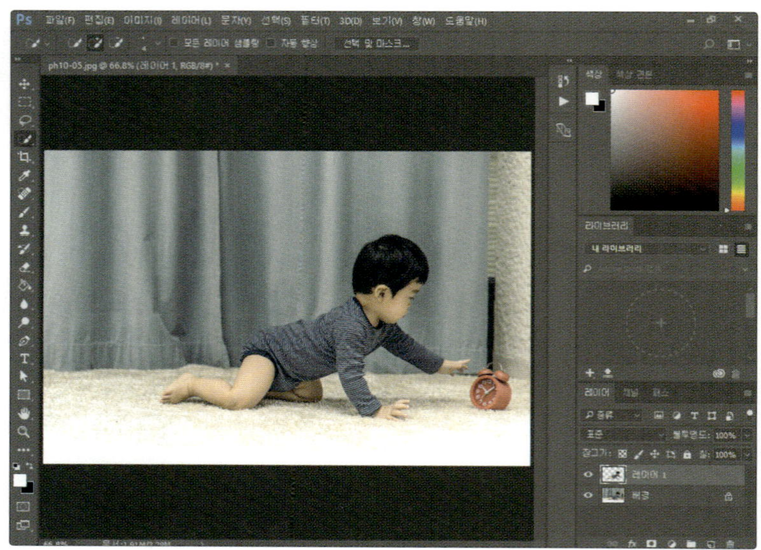

03 레이어 패널에서 배경 레이어를 선택한 다음 [도구] 패널에서 (사각형 선택 윤곽 도구)를 클릭합니다. 다음과 같이 드래그하여 영역을 설정합니다.

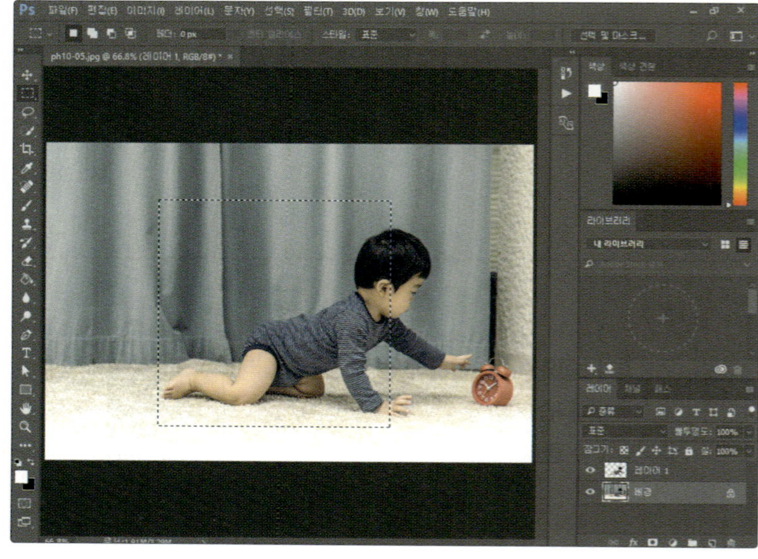

04 Ctrl + C 를 눌러 복사한 다음 Ctrl + V 를 눌러 붙여넣습니다.

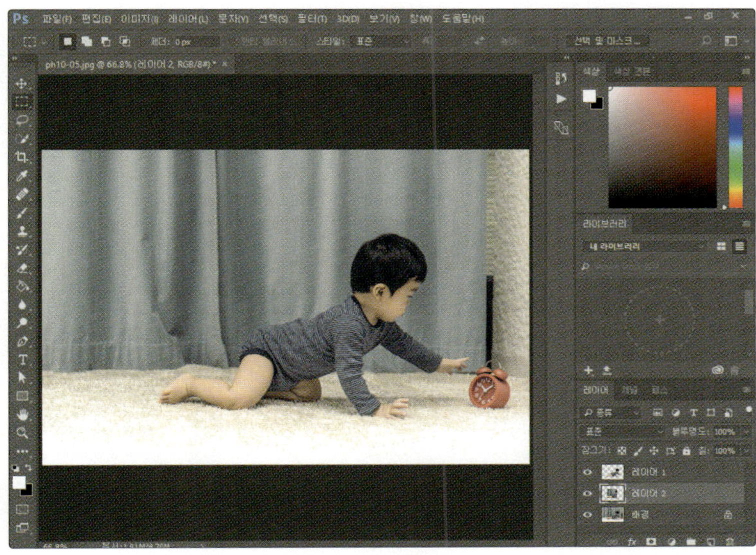

05 테두리를 설정하기 위해 [레이어] 패널에서 '레이어 2'를 선택한 다음 [레이어]-[레이어 스타일]-[획]을 클릭합니다.

> **Tip** [레이어] 패널에서 *fx* 아이콘을 클릭하여 레이어 스타일을 설정할 수 있습니다.

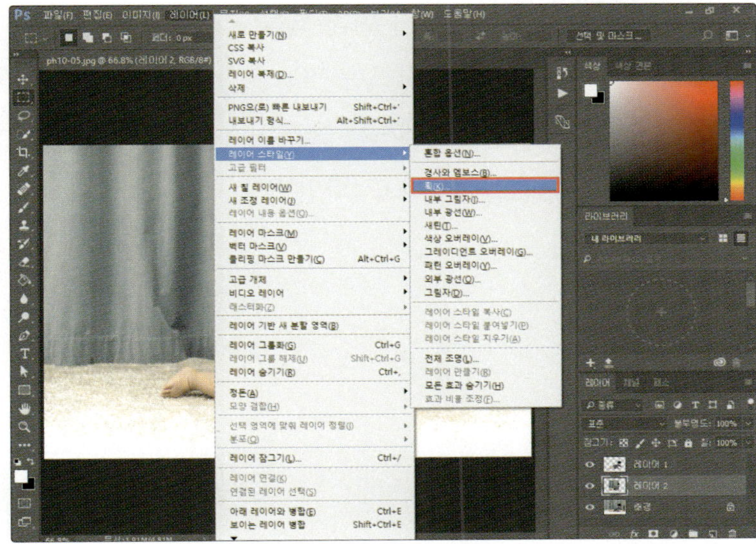

06 [레이어 스타일] 대화상자의 [획]에서 크기는 '20px'로 설정하고 색상 피커 단추를 클릭합니다.

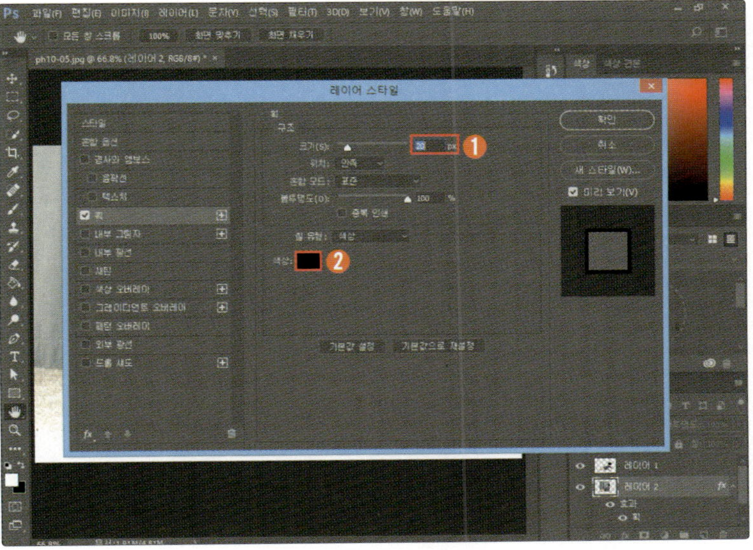

07 [색상 피커(획 색상)] 대화상자에서 흰색(#ffffff)을 선택한 후 [확인]을 클릭합니다.

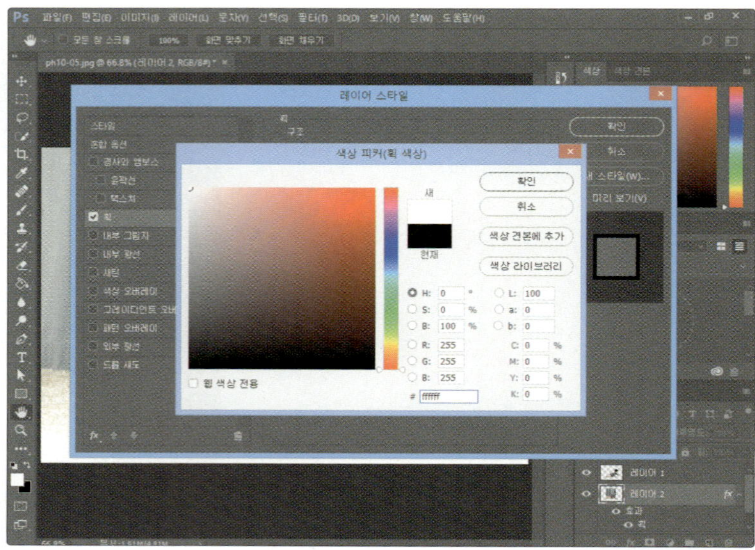

08 그림자 효과를 설정하기 위해 드롭 섀도를 선택한 다음 각도는 '100', 거리는 '20px'와 스프레드는 '20%', 크기는 '40px'로 설정하고 [확인]을 클릭합니다.

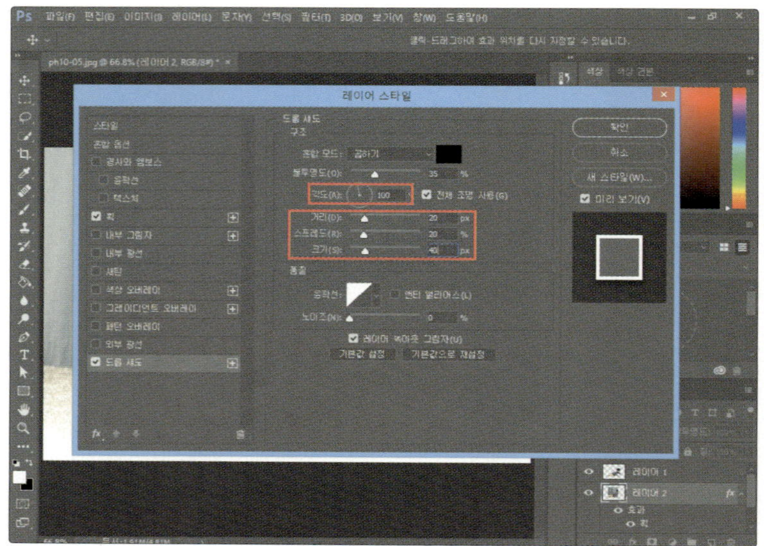

09 다음과 같이 테두리가 완성된 것을 확인할 수 있습니다.

조정 레이어로 색상 변경하기

01 [레이어] 패널에서 '배경' 레이어를 선택한 다음 [레이어]–[새 조정 레이어]–[색조/채도]를 클릭합니다.

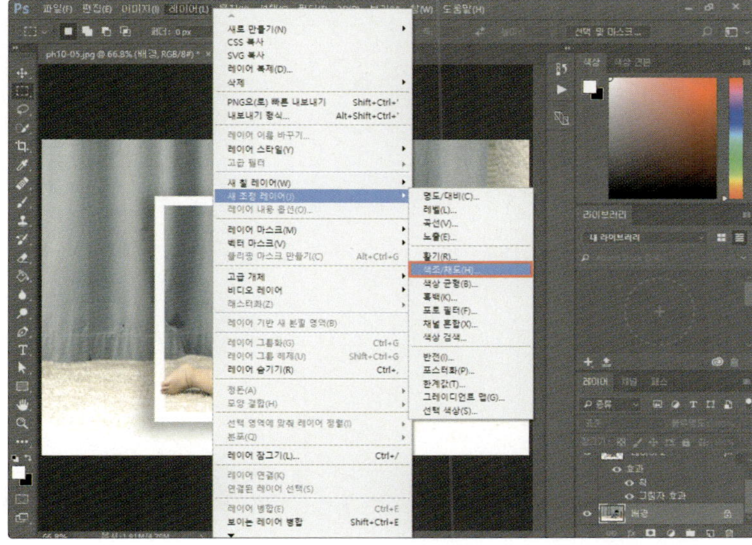

02 [새 레이어] 대화상자가 나타나면 [확인]을 클릭합니다.

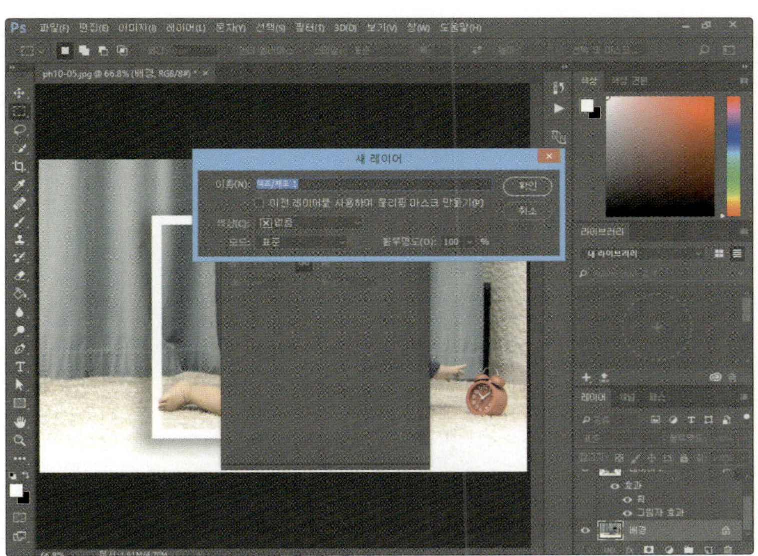

03 [속성] 패널에서 채도를 '–100'으로 설정한 다음 ■(닫기) 단추를 클릭합니다.

01 '배경.jpg, 연인.jpg, 결혼.png' 파일을 불러와 다음과 같이 이미지를 합성해보세요.

▶ 완성파일 : 웨딩1_완성.psd

02 02번에서 만든 파일로 레이어 스타일을 이용하여 텍스트에 테두리를 적용하고 그림자를 만들어 보세요.

▶ 완성파일 : 웨딩2_완성.psd

03 '아이1.jpg, 아이2.jpg, 아이3.jpg, 글씨.png' 파일을 불러와 이미지를 합성하여 스냅 사진을 만들어 보세요.

▶ 완성파일 : 스냅사진_완성.psd

심화문제

01

'담장.jpg, 낙서1.png, 낙서2.png' 파일을 불러와 레이어 블랜딩 모드를 적용하여 낙서가 된 이미지를 만들어 보세요.

▶ 완성파일 : 담장_완성.psd

02

'사람.jpg' 파일을 불러와 레이어 스타일을 이용하여 테두리를 만들어 보세요.

▶ 완성파일 : 사람.psd

03

02번에서 만든 파일로 새 레이어 조정의 흑백과 레벨을 이용하여 다음과 같이 레이어를 보정해 보세요.

▶ 완성파일 : 사람_완성.psd

11
SECTION

텍스트로 이미지 꾸미기

가로 방향 문자, 세로 방향 문자를 입력할 수 있으며, 패스를 이용하여 다양한 형태로 문자를 디자인할 수 있습니다.

PREVIEW

▲ 완성파일 : ph11-01_완성.psd

▲ 완성파일 : ph11-02_완성.psd

▲ 완성파일 : ph11-03_완성.psd

▲ 완성파일 : ph11-04_완성.psd

▲ 완성파일 : ph11-05_완성.psd

학습내용

실습 01 사진에 글자쓰기

실습 02 패스따라 흐르는 문자

실습 03 이미지로 글씨 채우기

실습 04 물결 모양 글씨 만들기

실습 05 스타일로 텍스트 효과주기

체크포인트

● 수평 문자 도구로 텍스트를 입력할 수 있습니다.

● 수평 마스크 문자 도구는 입력한 텍스트를 선택 영역으로 설정할 수 있습니다.

● 텍스를 입력하면 텍스트 레이어가 삽입됩니다.

● 패스를 따라 텍스트를 입력할 수 있습니다.

사진에 글자쓰기

01 'ph11-01.jpg' 파일을 불러옵니다. 캔버스 크기를 조절하기 위해 [이미지]-[캔버스 크기]를 클릭합니다.

02 [캔버스 크기] 대화상자에서 '상대치'를 클릭하여 체크를 한 후 폭을 '0.4 센티미터'로 설정한 다음 앵커 포인트를 정 가운데를 클릭합니다.

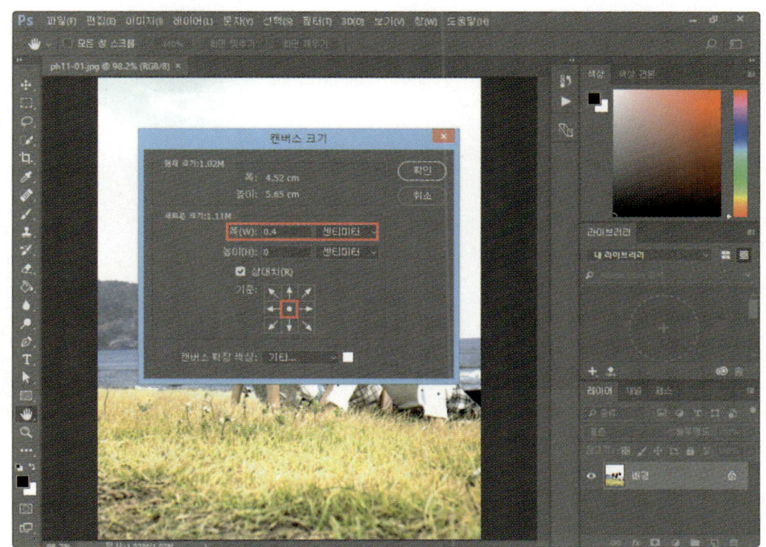

03 이번에는 높이를 '0.8 센티미터'로 설정한 다음 앵커 포인터를 위쪽 가운데로 지정하고 [확인]을 클릭합니다.

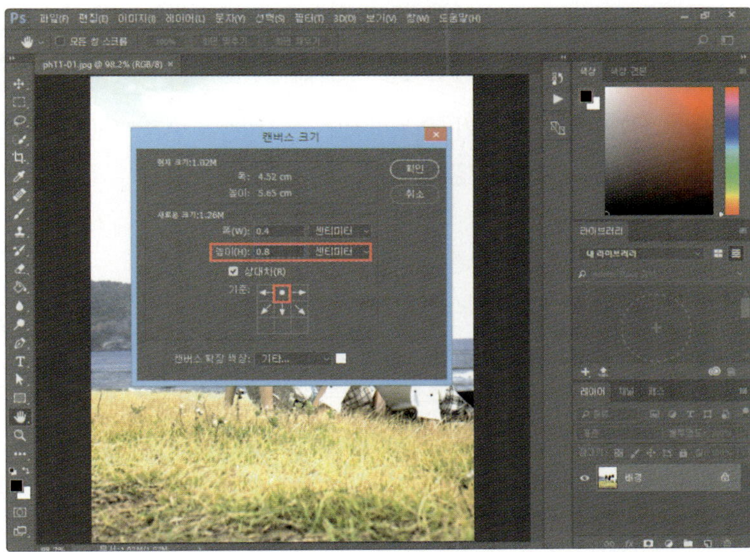

04 다음과 같이 캔버스 크기가 조절되면 [도구] 패널에서 ⊤(수평 문자 도구)를 선택한 다음 텍스트를 입력할 부분을 클릭합니다.

05 옵션 바에서 글꼴은 'HY엽서L', 크기는 '9pt'로 설정한 다음 텍스트를 입력합니다.

알아두기   텍스트 옵션

❶ 텍스트 방향 켜기/끄기 : 입력한 텍스트의 방향을 변경합니다.

❷ 글꼴 설정 : 글꼴을 설정합니다.

❸ 글꼴 크기 설정 : 글꼴 크기를 설정합니다.

❹ 글꼴 스타일 설정 : 글꼴 스타일을 설정합니다.

❺ 텍스트 왼쪽 정렬 : 텍스트를 왼쪽으로 정렬합니다.

❻ 텍스트 가운데 정렬 : 텍스트를 가운데로 정렬합니다.

❼ 텍스트 오른쪽 정렬 : 텍스트를 오른쪽으로 정렬합니다.

❽ 텍스트 색상 설정 : 텍스트 색상을 설정할 수 있습니다.

❾ 뒤틀어진 텍스트 만들기 : 텍스트를 곡선이나, 호 등의 모양으로 변경할 수 있습니다.

❿ 문자 및 단락 패널 켜기/끄기 : 문자 및 단락 패널을 표시하거나 감출 수 있습니다.

패스따라 흐르는 문자

01 'ph11-02.jpg' 파일을 불러온 다음 [도구] 패널에서 ✦(자동 선택 도구)를 클릭하여 이미지의 흰색 배경을 클릭합니다.

> **Tip** ✦(빠른 선택 도구)에서 마우스 오른쪽 단추를 클릭하여 자동 선택 도구를 선택할 수 있습니다.

02 선택 영역을 반전시키기 위해 [선택]-[반전]을 클릭합니다.

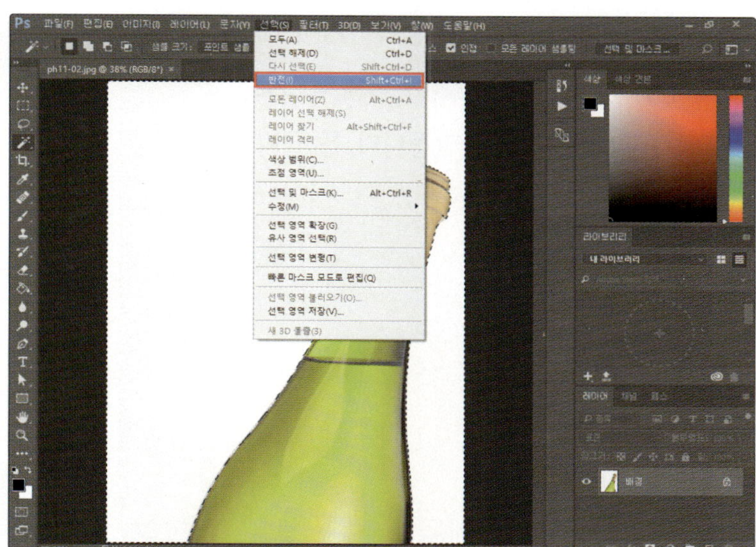

03 병 부분이 영역으로 설정되면 설정된 영역을 확대시키기 위해 [선택]-[수정]-[확대]를 클릭합니다.

04 [선택 영역 확대] 대화상자에서 확대량을 '20 픽셀'로 설정하고 [확인]을 클릭합니다.

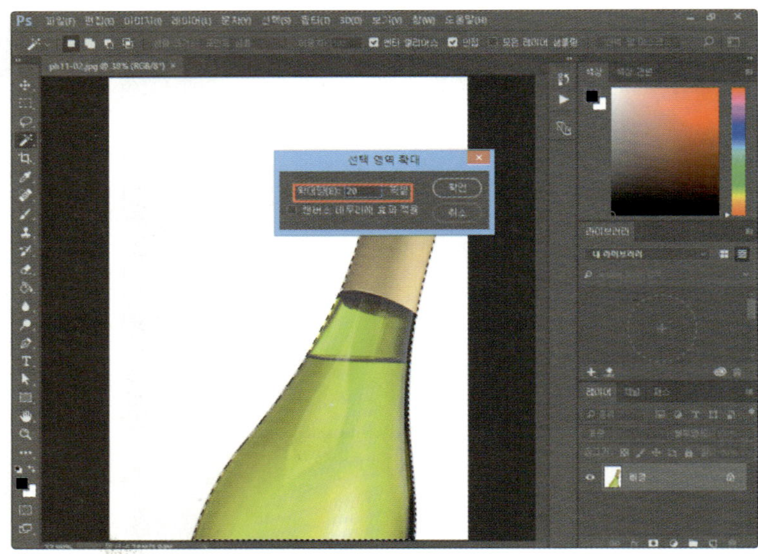

05 선택 영역을 패스로 등록하기 위해 [패스] 패널에서 ◈(선택영역으로부터 작업 패스를 만듭니다)을 클릭합니다.

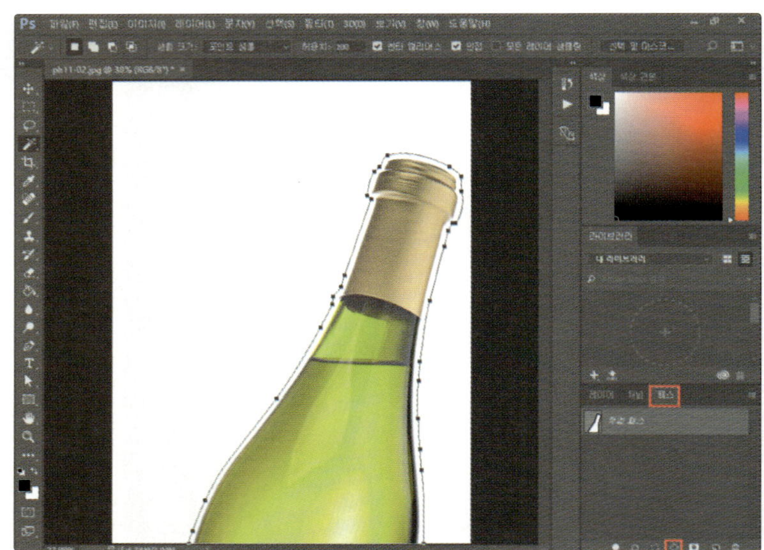

06 [도구] 패널에서 T(수평 문자 도구)를 선택한 다음 옵션 바에서 글꼴은 'HY중고딕', 크기는 '15pt', 글꼴 색은 '빨강'으로 설정한 다음 패스를 클릭한 후 내용을 입력합니다.

이미지로 글씨 채우기

01 'ph11-03.psd' 파일을 불러옵니다. [도구] 패널에서 ▣(수평 문자 도구)에서 마우스 오른쪽 단추를 클릭하여 ▣(수평 문자 마스크 도구)를 선택합니다.

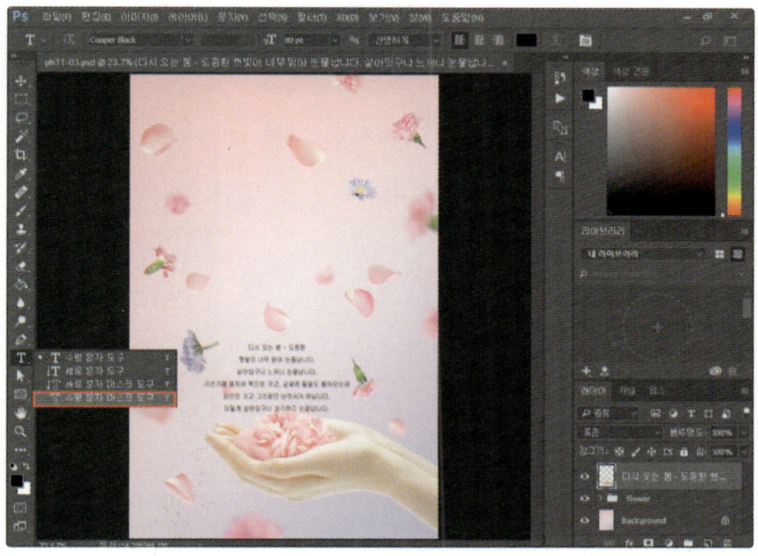

02 옵션 바에서 ▣(문자 및 단락 패널 켜기)를 클릭하여 문자 및 단락 패널을 화면에 표시한 후 글꼴은 'Cooper Black', 크기는 '100pt', 가로 비율은 '80%'로 설정합니다.

03 텍스트가 입력될 위치를 클릭하여 "Spring"을 입력한 후 문자 패널 창에서 ▣(닫기)를 클릭하여 문자 및 단락 패널을 닫습니다.

04 텍스트를 이동시키기 위해 [Ctrl]을 누른 상태에서 텍스트를 드래그하여 원하는 위치로 이동시킨 다음 [Ctrl]+[Enter]를 누릅니다.

05 텍스트가 선택 영역으로 설정되면 [파일]-[열기]를 클릭합니다.

06 [열기] 대화상자에서 '꽃.jpg' 파일을 선택한 후 [열기]를 클릭합니다.

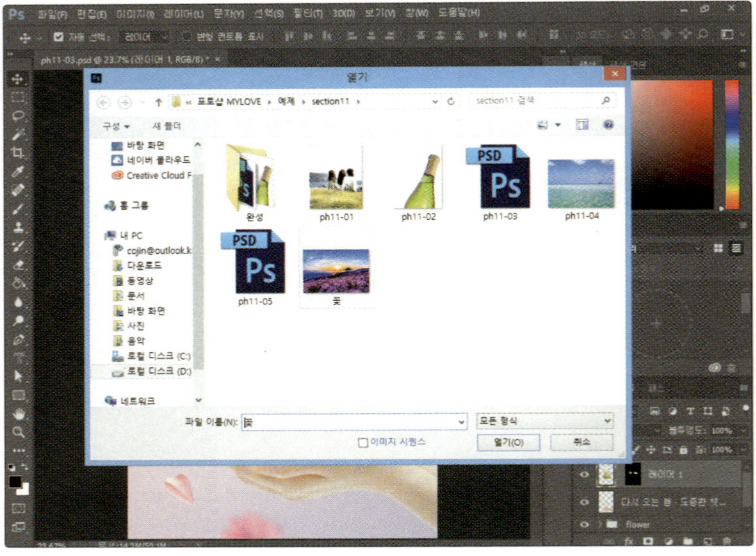

07 Ctrl + A 를 눌러 불러온 이미지 전체를 선택한 후 Ctrl + C 를 눌러 복사합니다.

08 'ph11-03.psd' 창에서 [편집]-[특수 붙여넣기]-[안쪽에 붙여넣기]를 클릭합니다.

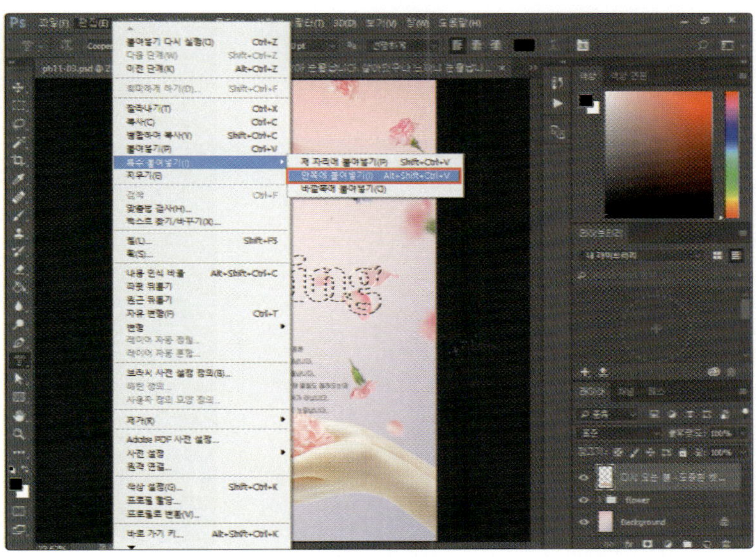

09 그림자 효과를 주기 위해 [레이어]-[레이어 스타일]-[그림자]를 클릭합니다.

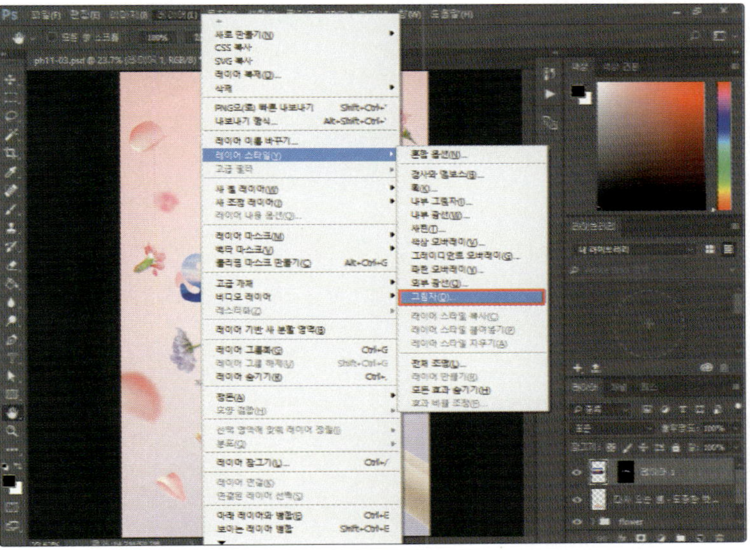

10 [레이어 스타일] 대화상자의 [드롭 섀도]에서 불투명도는 '80%', 거리는 '30px', 크기는 '10px'로 지정한 후 [확인]을 클릭합니다.

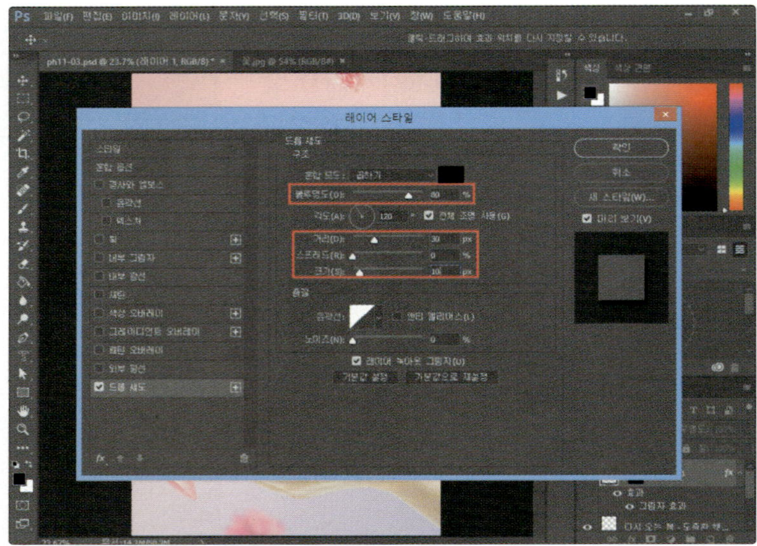

11 다음과 같이 선택 영역에 그림으로 채워진 것을 확인할 수 있습니다.

물결 모양 글씨 만들기

01 'ph11-04.jpg'를 불러온 다음 [도구] 패널에서 T (수평 문자 도구)를 선택합니다. 옵션 바에서 글꼴은 'Ravie', 크기는 '30pt'로 설정한 후 색상 피커 단추를 클릭합니다.

02 [색상 피커(텍스트 색상)] 대화상자가 나타나면 흰색을 선택하고 [확인]을 클릭합니다.

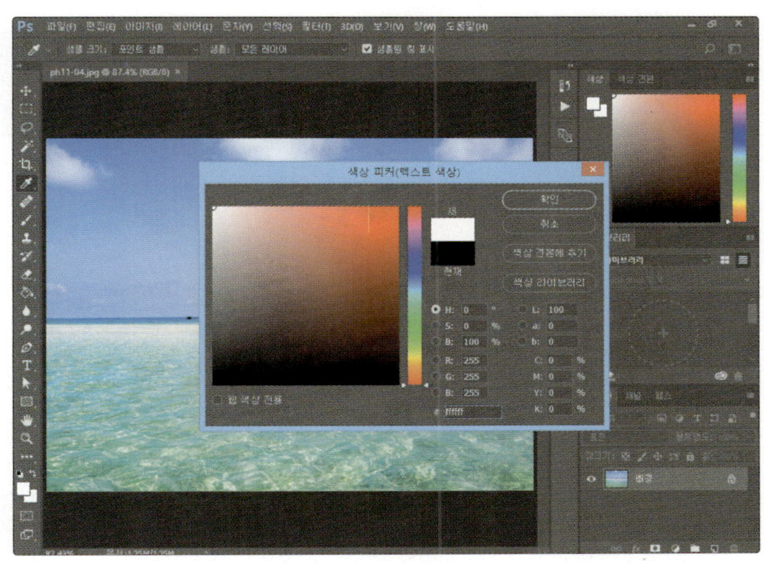

03 이미지를 클릭하여 텍스트를 입력한 다음 옵션 바에서 ⊥ (뒤틀어진 텍스트)를 클릭합니다.

04 [텍스트 뒤틀기] 대화상자에서 스타일 목록 단추를 클릭하여 '비틀기'를 클릭합니다.

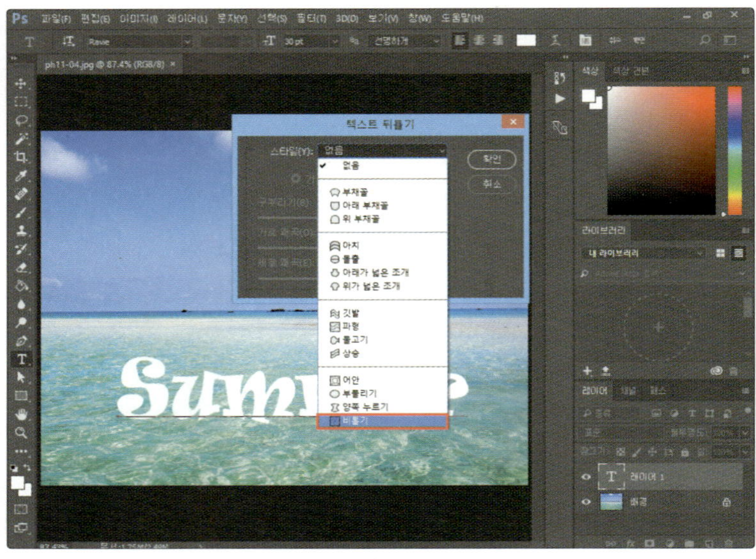

05 구부리기는 '50%', 세로 왜곡은 '15%'로 설정하고 [확인]을 클릭합니다.

06 [레이어] 패널에서 불투명도를 '50%'로 설정하여 완성합니다.

스타일로 텍스트 효과주기

01 'ph11-05.psd' 파일을 불러온 다음 [창]-[스타일]을 클릭합니다.

02 [스타일] 패널의 메뉴 단추 ▤를 클릭하여 '텍스트 효과2'를 선택합니다.

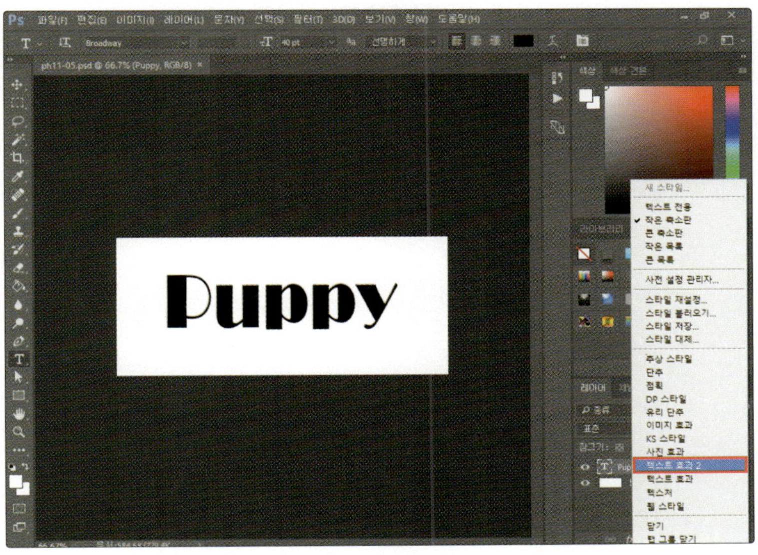

03 텍스트 효과2 스타일 대체 유무를 묻는 대화상자가 나타나면 [확인]을 클릭한 후 등록된 텍스트 효과 2 스타일에서 원하는 스타일을 선택합니다.

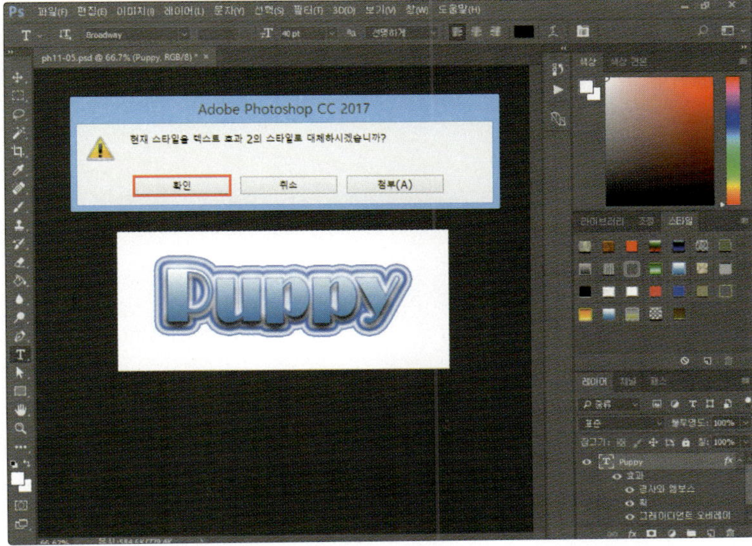

01

'텍스트배경.psd' 파일을 불러와 텍스트를 입력하고 오른쪽 정렬을 시켜보세요.

힌트
— 글꼴 : Niagara Engraved
— 크기 : 77pt

▶ 완성파일 : 텍스트배경_완성.psd

02

'sale.pad' 파일을 불러와 다음과 같이 만들어 보세요.

힌트
— 글꼴 : Algerian, Times New Roma
— 크기 : 53pt, 20pt

▶ 완성파일 : sale_완성.psd

03

'블랙커피.jpg' 파일을 불러와 패스 따라 흐르는 이미지를 만들어 보세요.

▶ 완성파일 : 블랙커피_완성.psd

01 '거북이.jpg' 파일을 불러와 초보운전 텍스트를 스타일을 이용하여 만들어 보세요.

 힌트 ▶ 캔버스 크기
– 폭 : 20 센티미터
– 높이 : 10 센티미터

▶ 완성파일 : 초보운전_완성.psd

02 '색동.jpg'와 '국악.jpg' 이미지를 이용하여 다음과 같이 팜프렛을 만들어 보세요.

▶ 완성파일 : 국악_완성.psd

03 '스마트폰.jpg' 파일을 불러와 레이어 스타일을 이용하여 다음과 같이 만들어 보세요.

▶ 완성파일 : 스마트폰_완성.psd

12 셰이프 도구와 패턴으로 디자인하기

SECTION

사각형, 원, 다각형 도형뿐만 아니라, 동물, 자연, 음악 등에 관련된 도형을 삽입하여 사진을 꾸밀 수 있으며, 패턴으로 설정하여 이미지 배경을 꾸밀 수 있습니다.

PREVIEW

▲ 완성파일 : ph12-01_완성.psd

학습내용

실습 01 도형으로 초대장 만들기

실습 02 패턴 만들기

실습 03 도형으로 패턴 만들기

체크포인트

● 셰이프 도구를 이용하여 다양한 도형을 삽입할 수 있습니다.

● 브러시, 펜, 셰이프 도구를 이용하여 패턴을 만들 수 있습니다.

도형으로 초대장 만들기

01 'ph12-01.psd' 파일을 불러옵니다. [도구] 패널에서 ▣(사각형 도구)에서 마우스 오른쪽 단추를 클릭하여 ✿(사용자 정의 모양 도구)를 선택합니다.

02 도형 모양을 선택하기 위해 옵션 바에서 모양 목록 단추를 클릭한 후 ✿(설정) 단추를 클릭하여 [음악]을 선택합니다.

03 현재 모양을 음악으로 대체할 것인지 묻는 대화상자가 나타나면 [확인]을 클릭합니다.

04 음악 모양으로 도형 모양이 바뀌면 '8분 음표(두개)' 도형을 선택합니다.

05 칠 피커 단추를 클릭하여 '붉은 주황'을 선택하고 획 피커 단추를 클릭하여 '색상 없음'을 선택합니다.

06 작업창에서 마우스로 드래그하여 음표를 그린 다음 Ctrl+T를 눌러 크기와 각도를 조절합니다.

07 도형 모양을 외곡시키기 위해 옵션 바에서 ⬛(자유 변형/뒤틀기)를 클릭한 다음 상단 가운데 조절점을 위쪽 방향으로 드래그하여 도형 모양을 변경한 후 Enter 를 누릅니다.

08 같은 방법으로 다양한 도형을 다음과 같이 삽입합니다.

> **Tip** 하트 도형이 없으면 옵션 바에서 모양 목록 단추를 클릭한 다음 ⚙(설정) 단추를 클릭하여 [모양]을 선택합니다.

09 텍스트를 입력하기 위해 [도구] 패널에서 T(수평 문자 도구)를 선택한 다음 옵션 바에서 글꼴은 'Copper Blk BT', 크기는 '30pt'로 설정한 다음 내용을 입력합니다.

패턴 만들기

01 [파일]−[새로 만들기]를 클릭하여 [새로 만들기 문서] 대화상자에서 폭과 높이를 각각 '20 픽셀'로 설정한 후 [제작]을 클릭합니다.

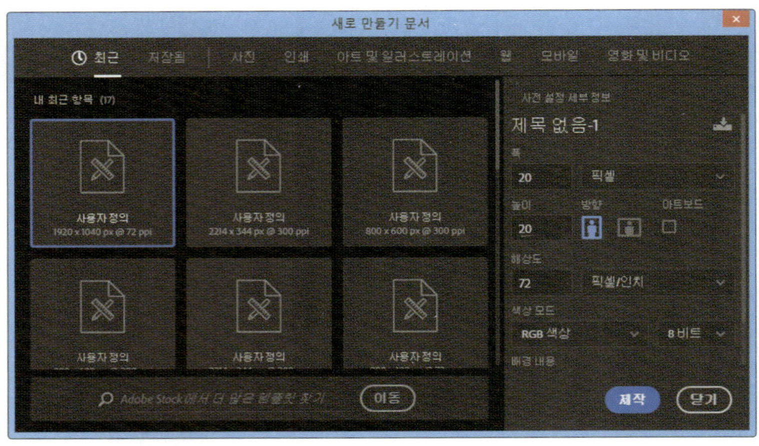

02 [도구] 패널에서 🖐(손바닥 도구)를 더블 클릭하여 캔버스를 화면 크기로 확대합니다. [레이어] 패널에서 🔲(새 레이어 추가)를 클릭하여 레이어를 추가합니다.

03 [도구] 패널에서 전경색 피커 단추를 클릭하여 파란색 계열(#b9f9ff)을 선택한 다음 [확인]을 클릭합니다.

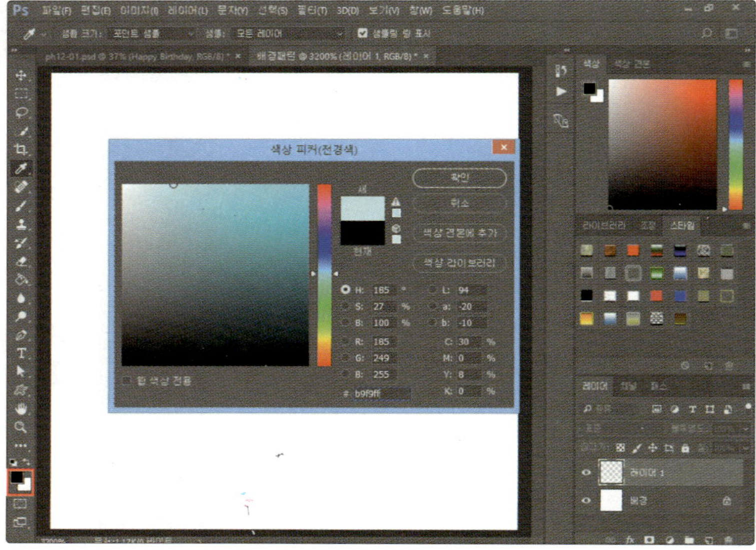

04 [도구] 패널에서 ■(사각형 선택 윤곽 도구)를 선택한 다음 캔버스 위에 적당한 크기로 드래그하여 영역을 설정합니다.

05 Alt+Delete를 눌러 선택 영역에 전경색으로 채운 다음 Ctrl+D를 눌러 영역을 해제합니다. [레이어] 패널에서 불투명도를 '70%'로 설정하여 투명도를 조절합니다.

> Tip Alt+Delete : 전경색으로 색을 칠합니다.

06 [레이어] 패널에서 '레이어 1'을 ⬚(새 레이어 추가) 아이콘으로 드래그하여 레이어를 복사합니다.

07 복사한 레이어를 회전시키기 위해 [편집]-[변형]-[시계 방향으로 90° 회전]을 클릭합니다.

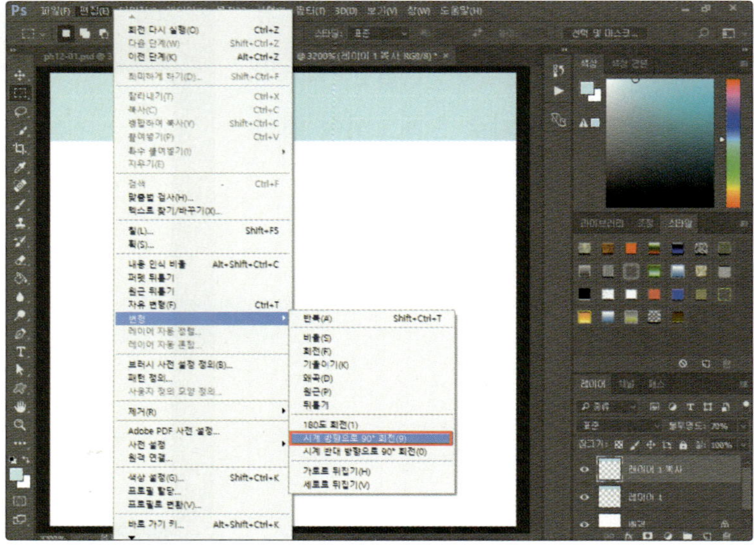

08 [도구] 패널에서 ✛(이동 도구)를 선택한 다음 복사된 사각형을 왼쪽으로 드래그하여 위치시킵니다.

09 패턴으로 등록하기 위해 [편집]-[패턴 정의]를 클릭합니다.

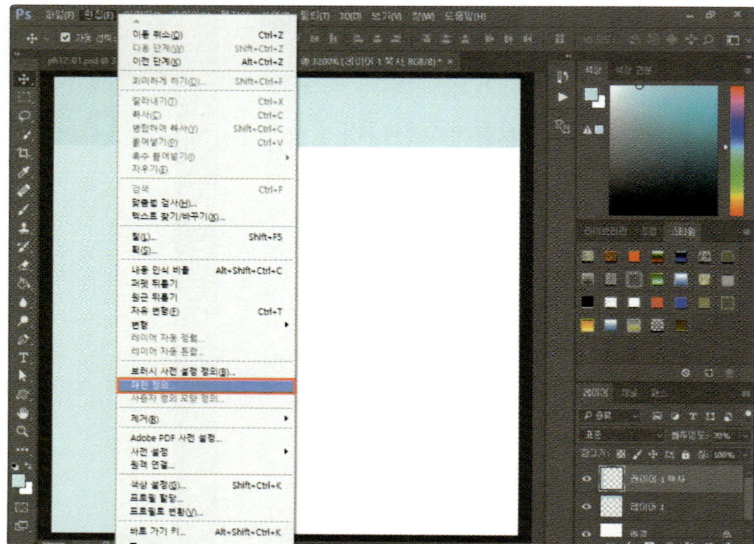

10 [패턴 이름] 대화상자에서 패턴 이름을 '체크 패턴'으로 입력하고 [확인]을 클릭합니다.

11 패턴을 초대장 화면 배경으로 적용하기 위해 실습 01에서 작업한 'ph12-01.psd' 화면의 [레이어] 패널에서 '배경' 레이어를 선택한 다음 [편집]-[칠]을 클릭합니다.

12 [칠] 대화상자에서 내용 목록 단추를 클릭하여 '패턴'을 선택합니다.

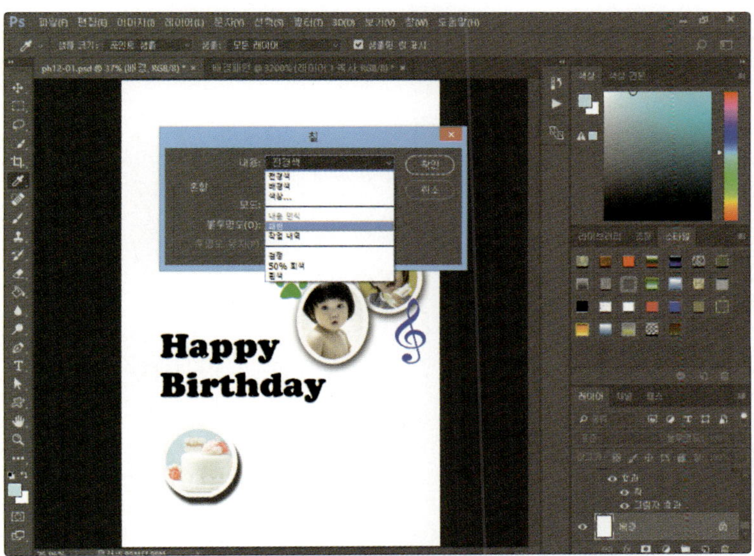

13 사용자 정의 패턴 목록에서 체크 패턴을 선택한 후 [확인]을 클릭합니다.

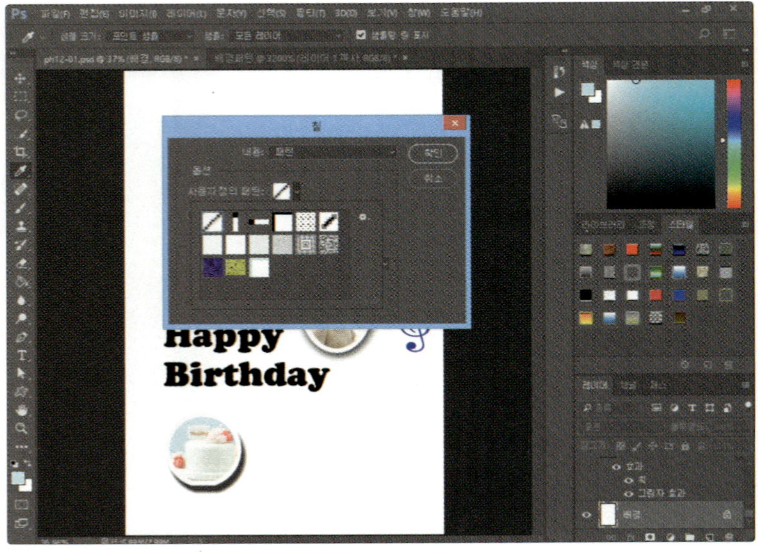

14 다음과 같이 초대장 배경이 패턴으로 채워진 것을 확인할 수 있습니다.

도형으로 패턴 만들기

01 [파일]-[새로 만들기]를 클릭하여 [새로 만들기 문서] 대화상자에서 폭과 높이를 각각 '50 픽셀'로 설정한 후 [제작]을 클릭합니다.

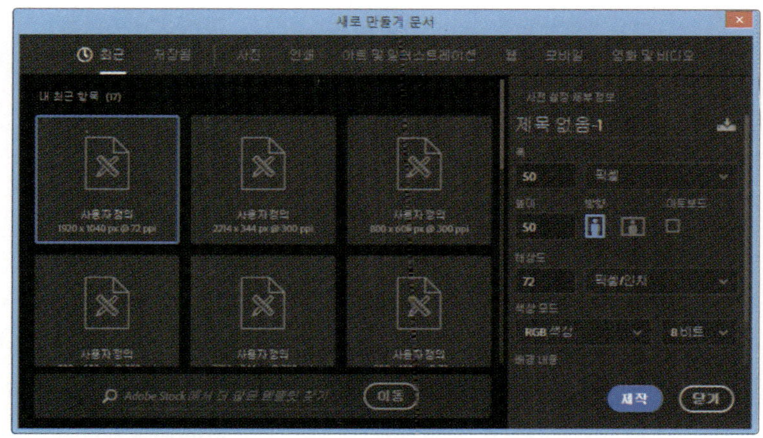

02 [도구] 패널에서 (손바닥 도구)를 더블 클릭하여 캔버스를 화면 크기로 확대한 다음 [도구] 패널에서 전경색 피커 단추를 클릭합니다. [색상 피커(전경색)] 대화상자에서 빨간색 계열(#ff01f0)을 선택한 후 [확인]을 클릭합니다.

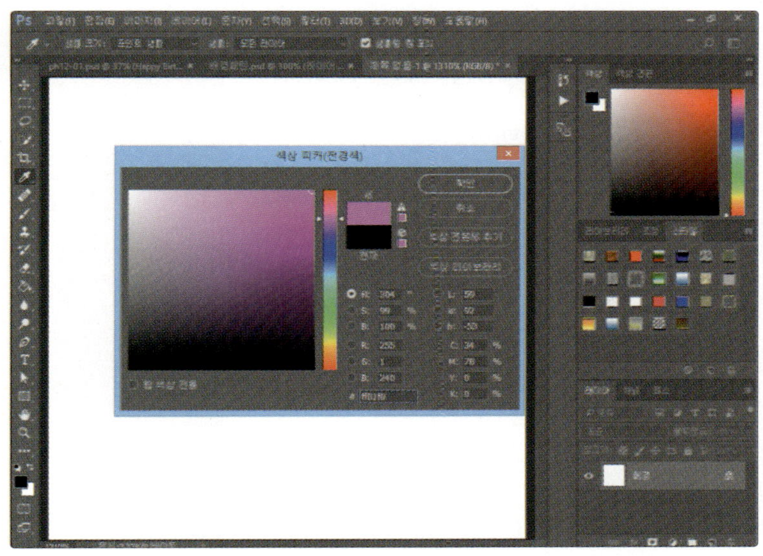

03 Alt + Delete 를 눌러 배경을 전경색으로 채운 다음 [레이어] 패널에서 (새 레이어 추가)를 클릭하여 레이어를 추가합니다.

04 [도구] 패널에서 ■(사각형 도구)에서 마우스 오른쪽 단추를 클릭하여 ◉(타원 도구)를 선택합니다.

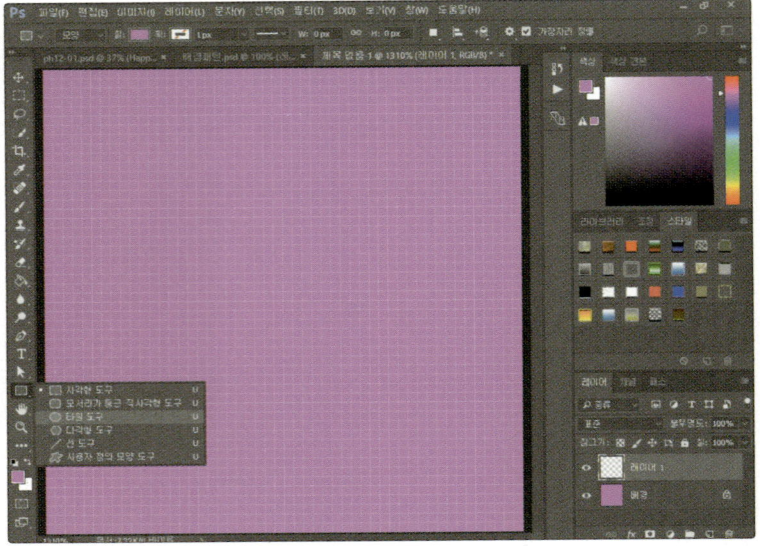

05 전경색을 흰색으로 설정한 다음 옵션 바에서 모양 목록 단추를 클릭하여 '픽셀'을 선택합니다.

06 캔버스를 클릭하여 [타원 만들기] 대화상자에서 폭과 높이를 각각 '15px'로 설정하고 [확인]을 클릭합니다.

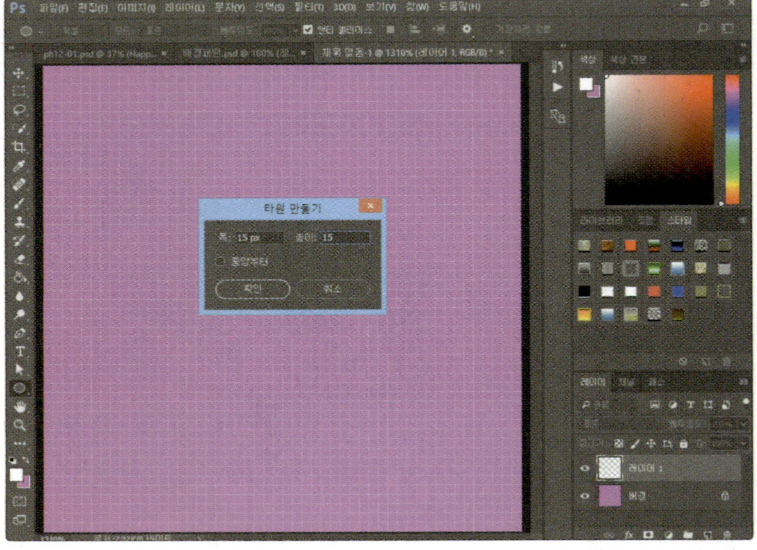

07 원 도형을 레이어 가운데로 정렬시키기 위해 [도구] 패널에 ✥(이동 도구)를 선택합니다. [레이어] 패널에서 `Ctrl`을 누른 상태로 '배경' 레이어를 클릭하여 두 개의 레이어를 선택한 다음 옵션 바에서 ▥(수직 가운데 정렬), ▥(수평 중앙 정렬)을 클릭합니다.

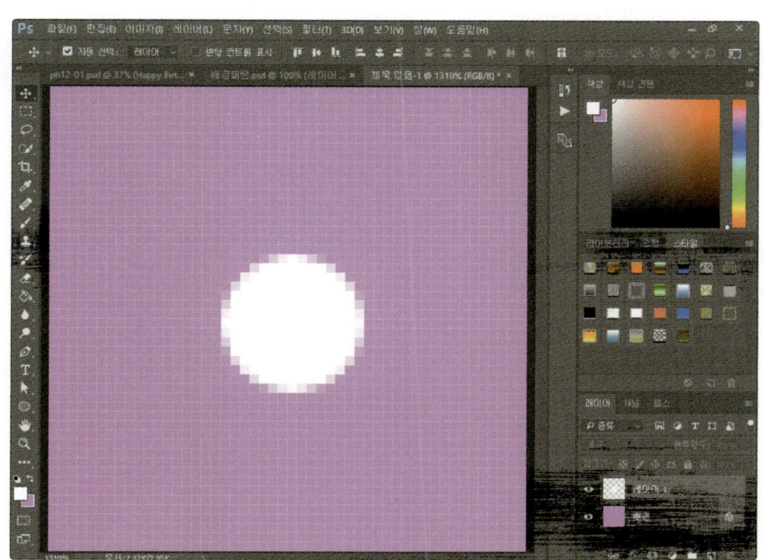

08 [레이어] 패널에서 '레이어 1'을 ◫(새 레이어 추가)로 드래그하여 레이어를 복사합니다.

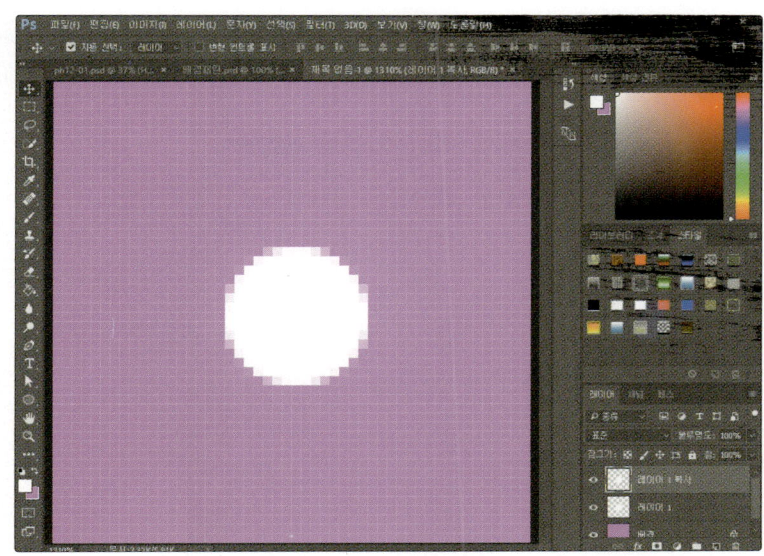

09 [도구] 패널에서 ✥(이동 도구)를 이용하여 왼쪽 상단으로 드래그하여 다음과 같이 배치시킵니다.

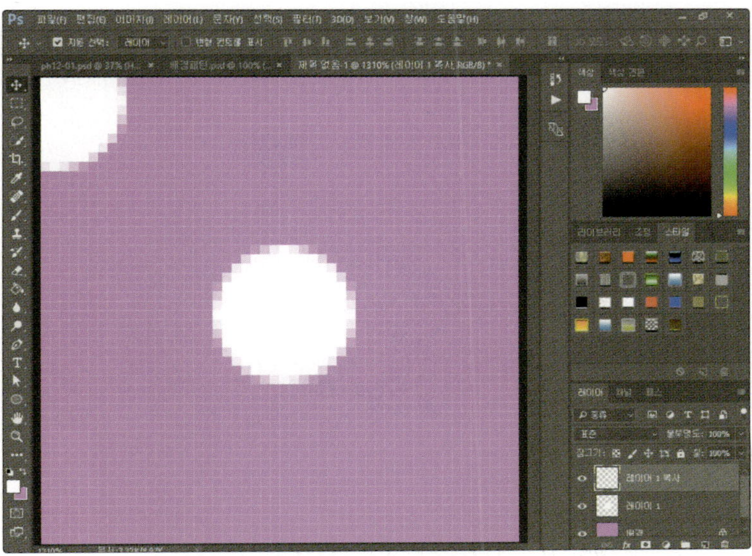

10 같은 방법으로 레이어 1을 복사하여 다음과 같이 원 도형을 각 모서리에 위치시킵니다.

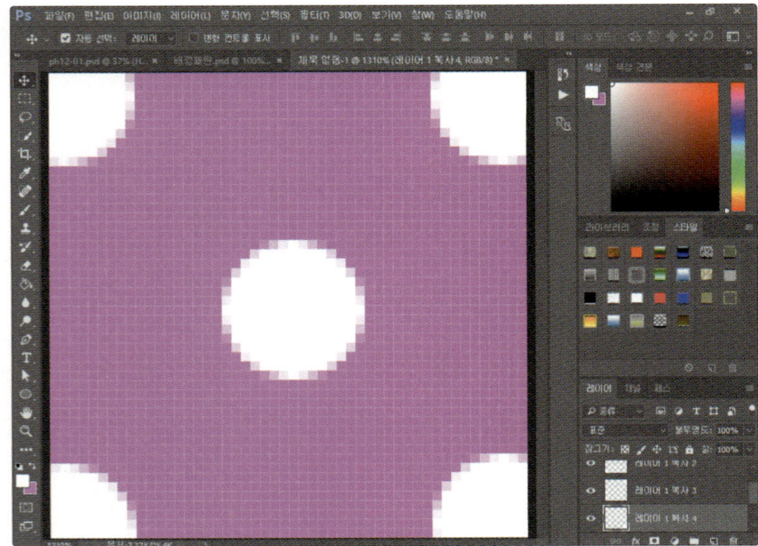

11 패턴으로 등록하기 위해 [편집]-[패턴 정의]를 클릭합니다. [패턴 이름] 대화상자에서 패턴 이름을 '물방울'로 입력하고 [확인]을 클릭합니다.

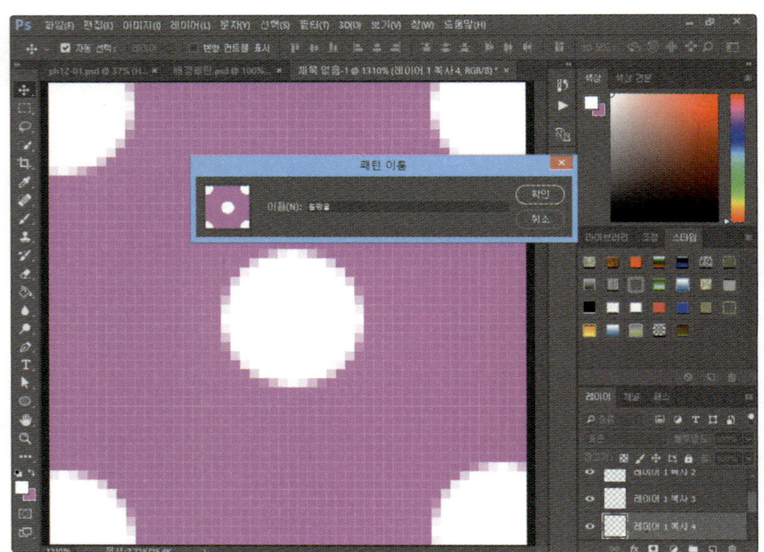

12 실습 02에서 작업한 'ph12-01. psd' 화면에서 텍스트 레이어를 선택한 다음 [레이어]-[레이어 스타일]-[패턴 오버레이]를 클릭합니다. [레이어 스타일] 대화상자의 패턴 오버레이에서 패턴 목록 단추를 클릭하여 물방울 패턴을 선택합니다.

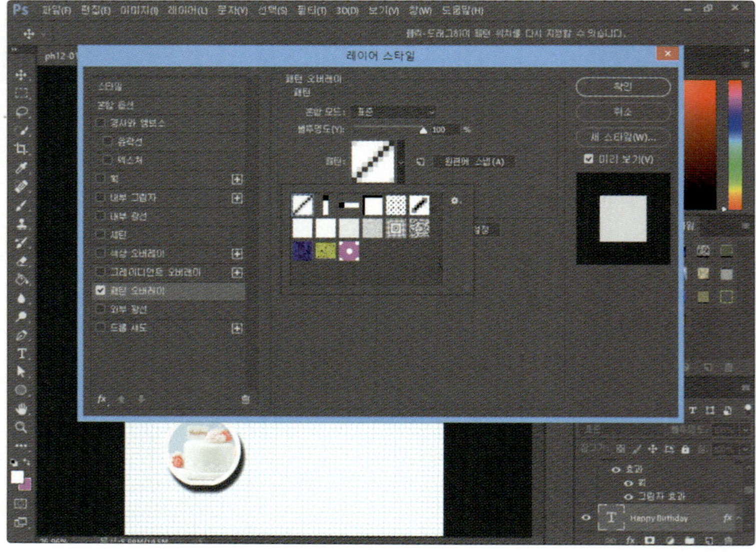

13 테두리를 설정하기 위해 [획]을 선택한 다음 크기는 '2pt', 색상은 '검정'으로 설정합니다.

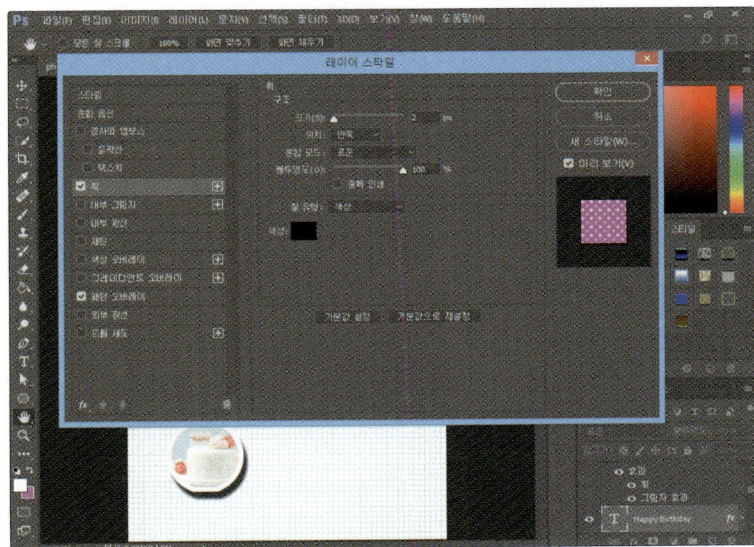

14 그림자 효과를 주기 위해 [드롭 섀도]를 선택한 다음 거리 '18px', 스프레드 3px', 크기 9px', 색을 지정한 후 [확인]을 클릭합니다.

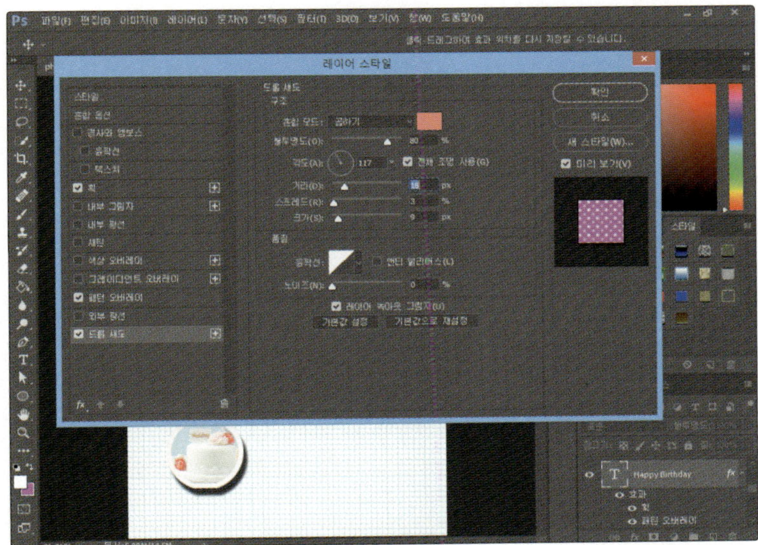

15 텍스트 도구를 이용하여 다음과 같이 원하는 글꼴과 크기, 색상을 설정하여 초대장을 완성합니다.

01   '어린이.jpg' 이미지를 불러와 캔버스 크기를 조절하고 말풍선 도형을 삽입하여 다음과 같이 만들어 보세요.

▶ 완성파일 : 어린이1_완성.psd

02   연필 도구를 이용하여 사선 패턴을 만들어 보세요.

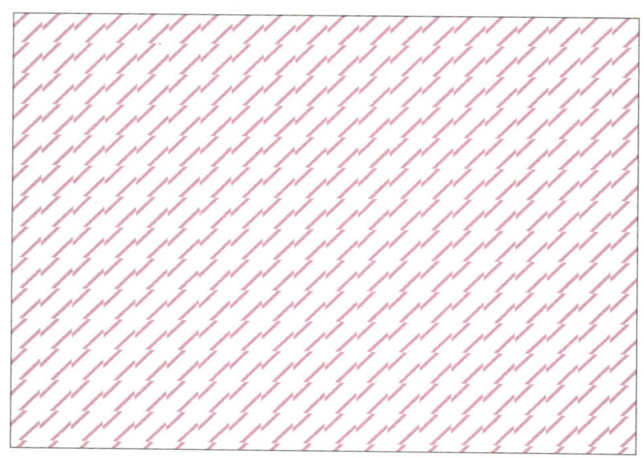

▶ 완성파일 : 사선패턴.psd

03   사선 패턴과 도형을 이용하여 배너를 만들어 보세요.

▶ 완성파일 : 금연_완성.psd

01 '어린이.jpg' 이미지를 불러와 [필터]–[왜곡]–[극자표]를 이용하여 집중 패턴을 만들어 다음과 같이 적용해 보세요.

▶ 완성파일 : 집중패턴.psd, 어린이2_완성.psd

02 셰이프 도구를 이용하여 포토 보드 만들어 보세요.

▶ 완성파일 : 포토보드.psd

03 저작권 패턴을 만들어 '파스타.jpg' 이미지에 적용해 보세요.

▶ 완성파일 : 저작권 패턴.pad, 파스타_완성.psd

13
SECTION

레이어 마스크와 클리핑 마스크 활용하기

레이어 마스크란 레이어에 구멍 뚫고, 그 영역에 바로 아래 위치한 레이어의 이미지가 보이게 하는 것으로, 이미지를 합성할 때 유용하게 사용하는 기능입니다.

PREVIEW

▲ 완성파일 : ph13-01_완성.psd

▲ 완성파일 : ph13-02_완성.psd

▲ 완성파일 : ph13-03_완성.psd

학습내용

실습 01 레이어 마스크로 이미지 합성하기

실습 02 선택 영역에 붙여넣기로 합성하기

실습 03 클리핑 마스크로 이미지 합성하기

실습 04 레이어 마스크로 스케치한 그림 그리기

체크포인트

● 레이어 마스크에 대해 알 수 있습니다.

● 그레이디언트를 이용하여 이미지를 자연스럽게 합성할 수 있습니다.

● 특수 붙여넣기 기능으로 선택 영역에 복사한 이미지를 붙여 넣을 수 있습니다.

● 클리핑 마스크로 선택한 도형이나 텍스트 채우기 색을 이미지로 채울 수 있습니다.

레이어 마스크로 이미지 합성하기

01 'ph13-01.jpg'와 '구름.jpg' 파일을 불러옵니다. '구름.jpg' 문서 탭을 마우스로 드래그하여 이미지 창을 분리합니다.

02 [도구] 패널에서 (이동 도구)를 선택한 다음 구름 이미지를 'ph13-01.jpg' 화면으로 드래그하여 이동시킵니다.

03 구름 이미지 창을 닫은 다음 'ph13-01.jpg'에서 구름 이미지를 적당한 위치로 이동시킵니다.

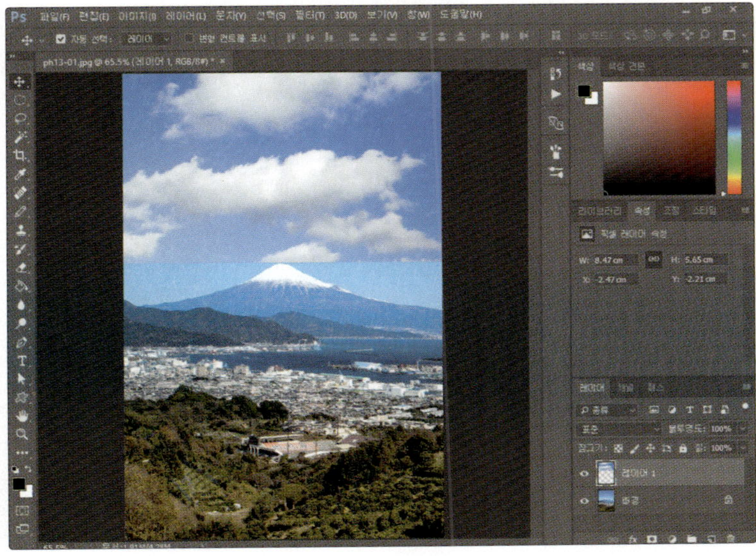

04 ■(그레디언트 도구)를 선택한 다음 옵션 바에서 그레디언트 피커 단추를 클릭하여 전경색에서 투명으로 그레디언트를 선택합니다.

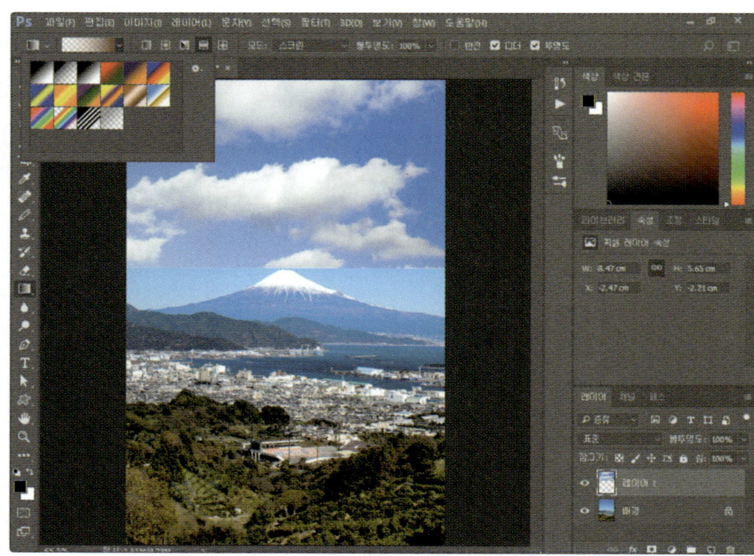

05 레이어 마스크를 설정하기 위해 [레이어]-[레이어 마스크]-[모두 나타내기]를 클릭합니다.

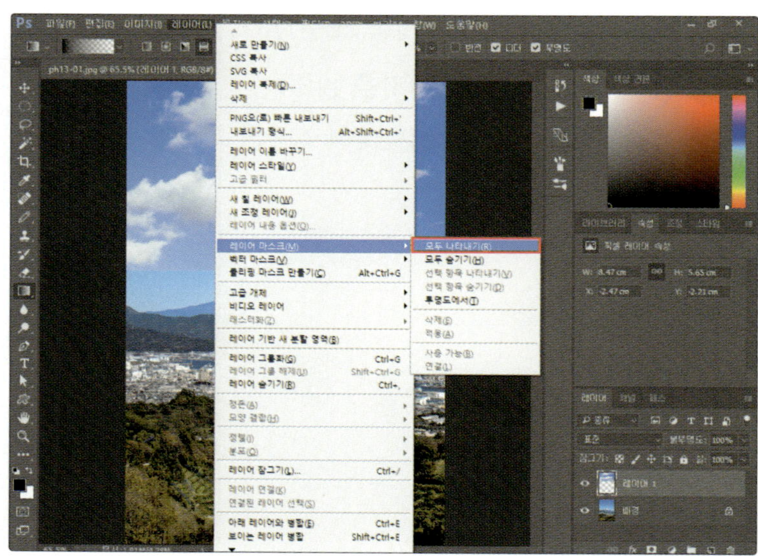

06 [레이어] 패널에서 레이어 1 옆에 흰색 마스크가 표시됩니다. 이미지 경계선을 마우스로 드래그하면 자연스럽게 두 개의 이미지가 합성됩니다.

선택 영역에 붙여넣기로 합성하기

01 'ph13-02.jpg'와 '구름.jpg' 파일을 불러옵니다. 'ph13-02.jpg' 창의 [도구] 패널에서 (빠른 선택 도구)를 선택한 다음 독수리 이미지의 배경을 드래그하여 선택합니다.

02 구름 이미지 창에서 Ctrl + A 를 눌러 이미지를 전체 선택한 다음 Ctrl + C 를 눌러 이미지를 복사합니다.

03 'ph13-02.jpg' 이미지 창에서 [편집]-[특수 붙여넣기]-[안쪽에 붙여넣기]를 클릭합니다.

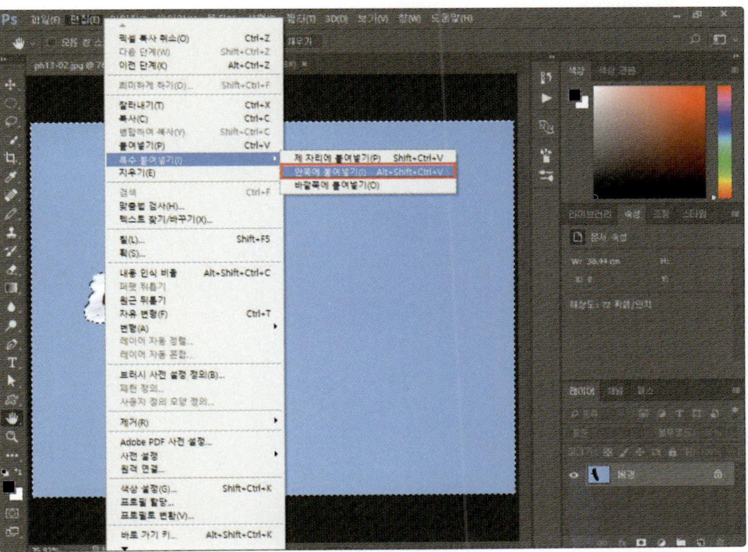

04 그림 이미지의 크기를 조절하기 위해 [편집]−[자유 변형]을 클릭합니다.

Tip 자유 변형 : Ctrl + T

05 구름 이미지의 크기를 독수리 이미지 배경 크기에 맞게 조절한 다음 Enter 를 눌러 완성합니다.

클리핑 마스크로 이미지 합성하기

01 'ph13-03.psd'와 '반지.jpg' 파일을 불러온 다음 카드 'ph13-03.psd' 창의 [도구] 패널에서 (사용자 정의 모양 도구)를 선택합니다. 옵션 바에서 모양 피커 단추를 클릭한 다음 (설정) 단추를 클릭하여 [모양]을 선택합니다.

02 다음과 같이 모양의 모양으로 대체할 것인지 묻는 대화상자가 나타나면 [확인]을 클릭합니다.

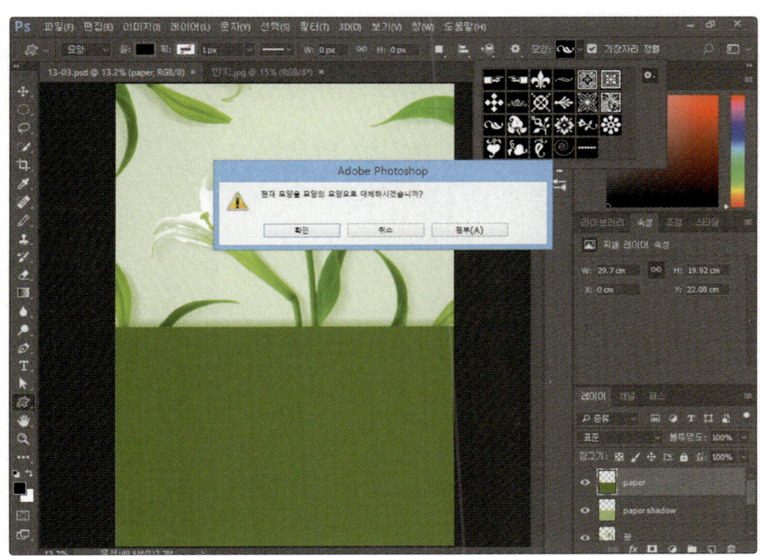

03 하트 모양을 선택한 후 다음과 같이 적당한 위치에서 마우스로 드래그하여 하트 도형을 삽입합니다.

04 반지 이미지 창에서 Ctrl + A 를 눌러 이미지를 전체 선택한 다음 Ctrl + C 를 눌러 복사합니다.

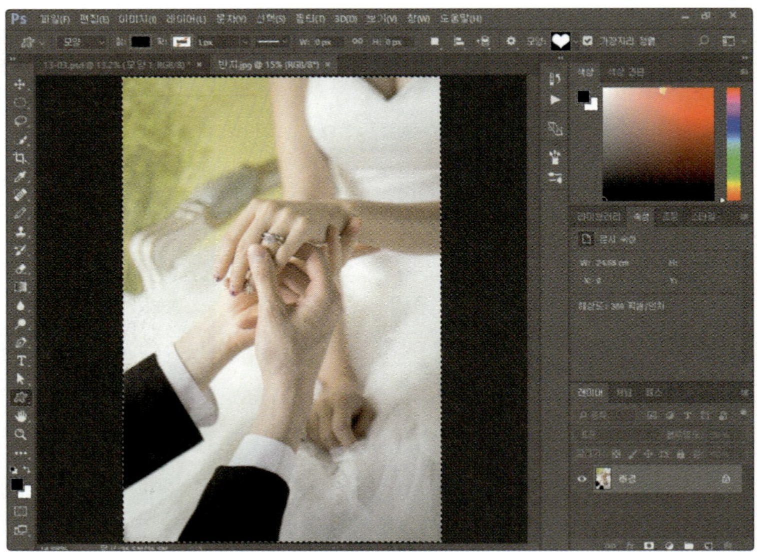

05 'ph13-03.psd' 창에서 Ctrl + V 를 눌러 복사한 이미지를 붙여넣기 한 다음 [레이어]-[클리핑 마스크 만들기]를 클릭합니다.

Tip 클리핑 마스크 만들기 : Alt + Ctrl + G

06 테두리를 설정하기 위해 [레이어] 패널에서 '모양1' 레이어를 선택한 다음 [레이어]-[레이어 스타일]- [획]을 클릭합니다. [레이어 스타일] 대화상자의 [획]에서 크기는 '50px', 위치는 '안쪽'을 선택하고 색상 피커 단추를 클릭합니다.

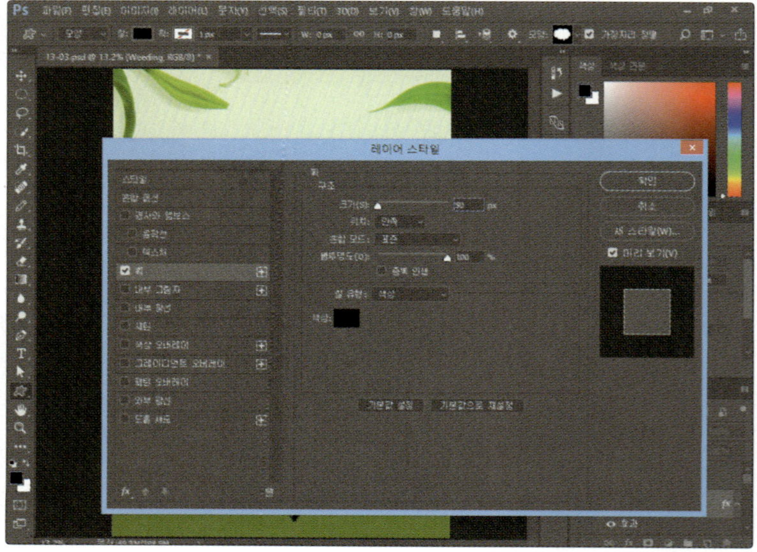

07 [색상 피커(획 색상)] 대화상자에서 녹색계열(#e9f3cc)을 선택하고 [확인]을 클릭합니다.

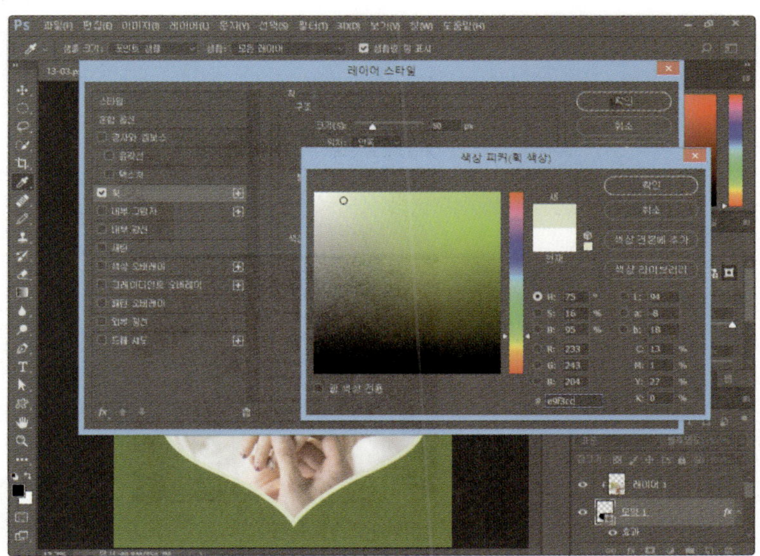

08 그림자 효과를 설정하기 위해 [드롭 섀도]를 선택한 다음 각도(120)와 거리(50), 스프레드(50), 크기(20)를 지정한 후 [확인]을 클릭합니다.

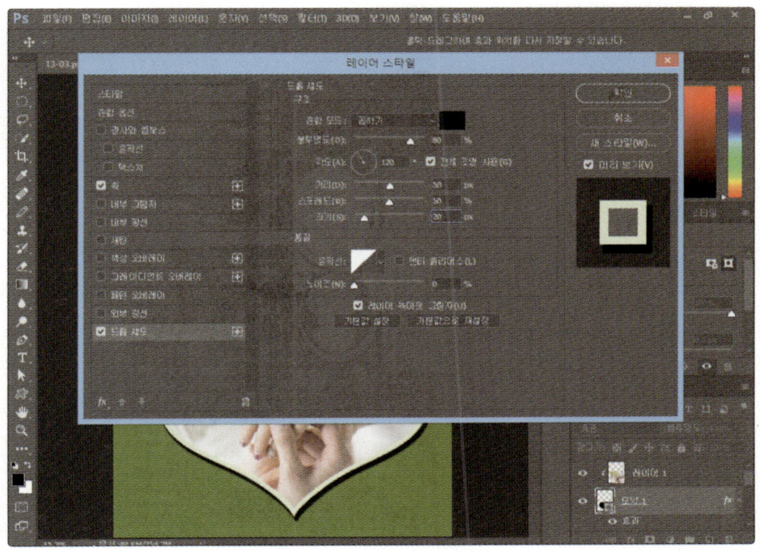

09 다음과 같이 하트 모양에 이미지가 삽입된 것을 확인할 수 있습니다. 텍스트를 입력하기 위해 [도구] 패널에서 **T**(수평 문자 도구)를 선택한 다음 옵션 바에서 글꼴은 'Matura MT Script Capitals', 크기는 '150pt'로 설정한 후 내용을 입력합니다.

10 텍스트 모양을 변형시키기 위해 
(뒤틀어진 텍스트 만들기)를 클릭합
니다. [텍스트 뒤틀기] 대화상자에
서 스타일 목록 단추를 클릭하여
'부채꼴'을 선택한 후 [확인]을 클릭
합니다.

11 텍스트를 이미지로 채우기 위해 [파
일]-[열기]를 클릭하여 '꽃.jpg' 이
미지를 불러옵니다. Ctrl+A를
눌러 이미지를 전체 선택한 다음
Ctrl+C를 눌러 복사합니다.

12 'ph13-03.psd' 이미지 창에서
Ctrl+V를 눌러 복사한 이미지
를 붙여넣기한 후 이미지 위치를 조
절하고 [레이어]-[클리핑 마스크
만들기]를 클릭합니다.

13 테두리를 설정하기 위해 [레이어] 패널에서 Weeding 텍스트 레이어를 선택한 다음 [레이어]-[레이어 스타일]-[획]을 클릭합니다.[레이어 스타일] 대화상자의 [획]에서 크기는 '1px'로 설정하고 색상 피커 단추를 클릭합니다.

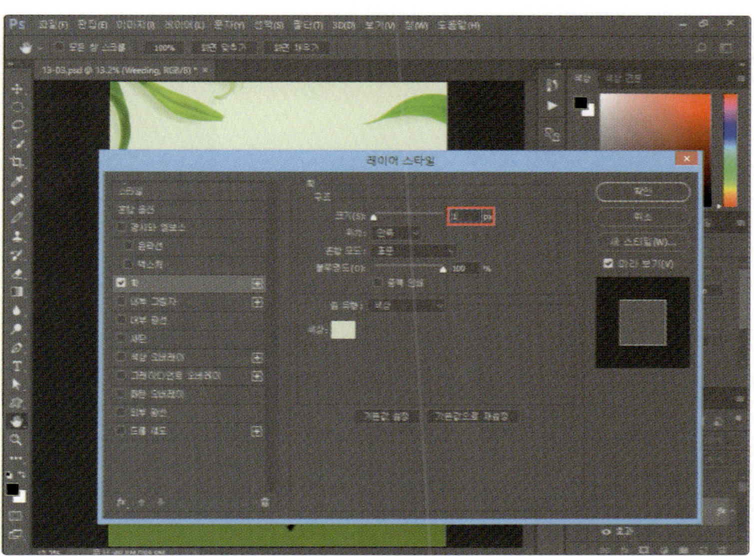

14 [색상 피커(획 색상)] 대화상자에서 검정을 선택하고 [확인]을 클릭합니다.

15 그림자 효과를 설정하기 위해 [드롭 섀도]를 선택한 다음 각도(85)와 거리 '30px', 스프레드 '0px', 크기 '0px'으로 설정하고 [확인]을 클릭합니다.

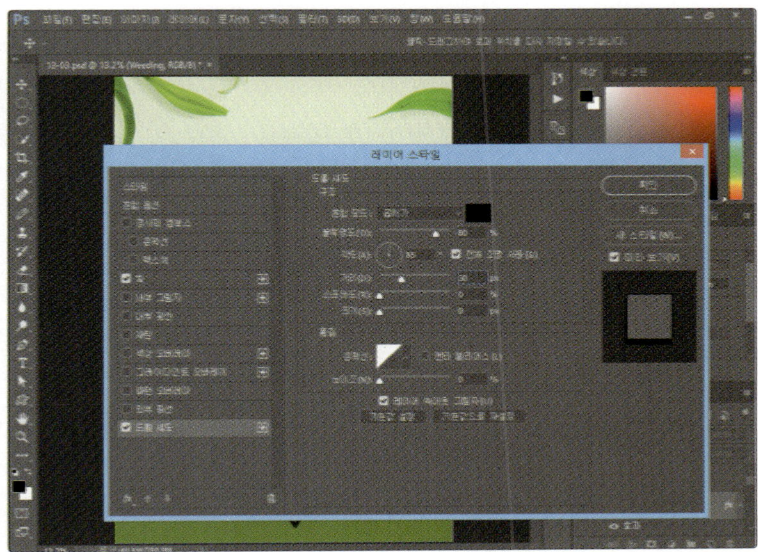

레이어 마스크로 스케치한 그림 그리기

01 'ph13-04.jpg' 파일을 불러온 다음 Ctrl + J 를 눌러 배경 레이어를 복사합니다.

02 이미지를 흑백으로 조정하기 위해 [이미지]-[조정]-[흑백]을 클릭합니다. [흑백] 대화상자가 나타나면 [확인]을 클릭합니다.

03 [이미지]-[조정]-[레벨]을 클릭합니다. [레벨] 대화상자에서 다음과 같이 입력 레벨을 조절한 후 [확인]을 클릭합니다.

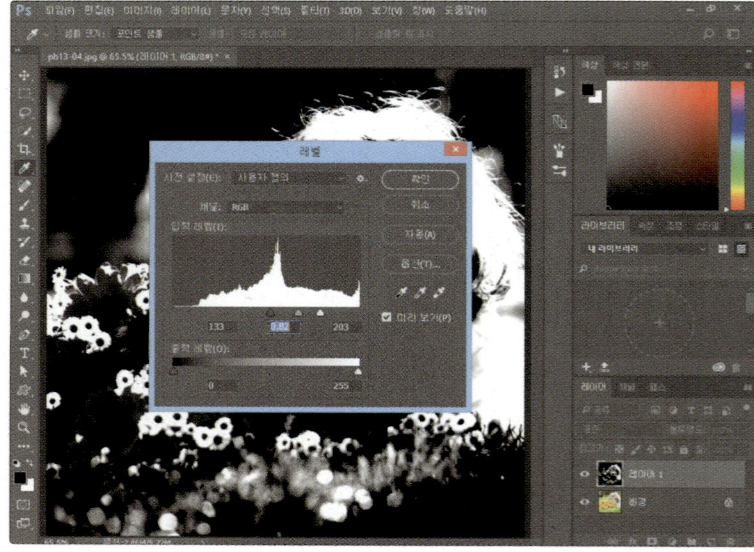

04 배경색을 흰색으로 설정한 다음 [레이어] 패널에서 (새 레이어 삽입)을 클릭하여 레이어를 삽입한 다음 Ctrl + Delete 를 눌러 배경색으로 칠합니다.

05 [레이어] 패널에서 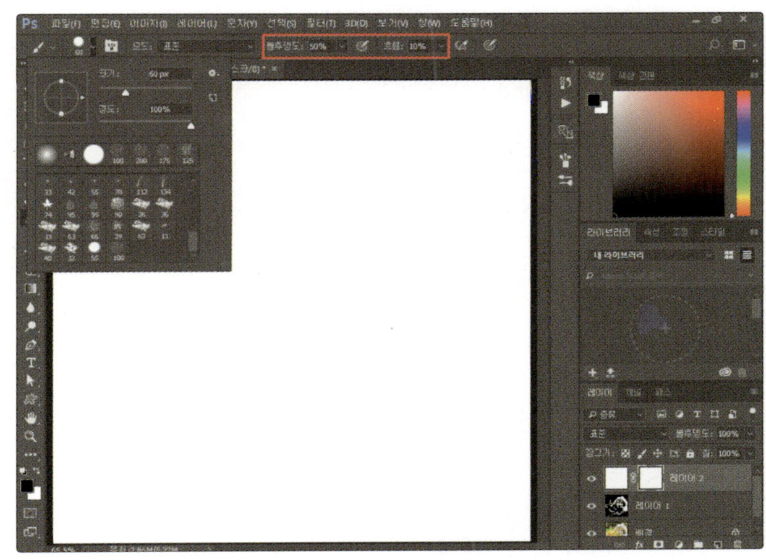(레이어 마스크)를 클릭하여 레이어 마스크를 설정합니다. [도구] 패널에서 (브러시 도구)를 클릭한 다음 옵션 바에서 불투명도 '50%', 흐름 '10%'로 조정하고 브러시 종류를 '거칠고 둥근 강모'를 선택합니다.

06 브러시 크기를 조절하면서 캔버스를 드래그하면 다음과 같이 스케치한 그림이 완성됩니다.

01 '물놀이.jpg, 물.jpg' 파일을 불러와 레이어 마스크를 이용하여 이미지를 합성해 보세요.

▶ 완성파일 : 물놀이_완성.psd

02 '강아지.jpg, 나무.jpg' 파일을 불러와 레이어 마스크를 이용하여 다음과 같이 합성해 보세요.

▶ 완성파일 : 강아지_완성.psd

03 '시.psd' 파일을 불러와 셰이프 도구와 클리핑 마스크를 이용하여 다음과 같이 만들어 보세요.

▶ 완성파일 : 시_완성.psd

01 '가족1.jpg~가족4.jpg' 파일을 불러와 셰이프 도구와 이미지를 이용하여 클리핑 마스크로 액자를 만들어 보세요.

▶ 완성파일 : 앨범_완성.psd

02 'event.psd, 텍스쳐.jpg' 파일을 불러와 클리핑 마스크로 텍스트를 꾸며 보세요.

▶ 완성파일 : event_완성.psd

03 '강아지2.jpg' 파일을 불러와 레이어 마스크와 붓을 이용하여 다음과 같이 스케치한 이미지를 만들어 보세요.

▶ 완성파일 : 강아지스케치_완성.psd

14
SECTION

이미지 테두리 만들기

액션 기능을 이용하여 쉽게 이미지 테두리를 만들 수 있으며, 브러시 도구와 클리핑 마스크를 활용하여 다양한 이미지 테두리를 만들 수 있습니다.

PREVIEW

▲ 완성파일 : ph14-01_완성.psd

▲ 완성파일 : ph14-03_완성.psd

▲ 완성파일 : ph14-02_완성.psd

▲ 완성파일 : ph14-04_완성.psd

학습내용

실습 01 액션으로 다양한 테두리 만들기

실습 02 브러시로 부드러운 테두리 만들기

실습 03 점선 테두리 만들기

실습 04 망점 테두리 만들기

체크포인트

● 액션 기능을 이용하여 클릭 한번으로 이미지의 테두리를 만들 수 있습니다.

● 패스와 브러시를 이용하여 이미지에 점선 테두리를 만들 수 있습니다.

● 브러시로 테두리가 부드러운 이미지를 만들 수 있습니다.

액션으로 다양한 테두리 만들기

01 [파일]-[열기]를 클릭하여 'ph14-01.jpg' 파일을 불러옵니다. 화면에 액션 패널을 표시하기 위해 [창]-[액션]을 클릭합니다.

02 [액션] 패널에서 ■(메뉴) 단추를 클릭하여 [프레임]을 클릭합니다.

03 프레임 액션 목록에서 [파형 프레임]을 선택한 후 ▶(선택 영역 재생) 단추를 클릭하면 다음과 같이 파형 테두리가 완성됩니다.

브러시로 부드러운 테두리 만들기

01 [파일]-[새로 만들기]를 클릭합니다. [새로 만들기 문서] 대화상자에서 폭은 '800 픽셀', 높이는 '600 픽셀', 해상도는 '72 픽셀'로 설정한 후 [제작]을 클릭합니다.

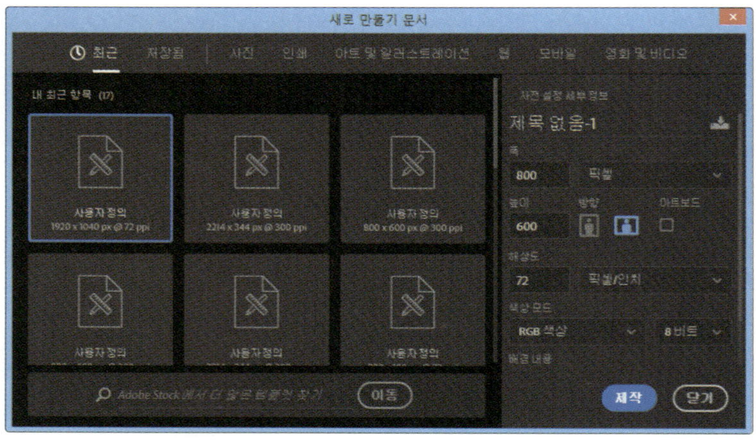

02 [레이어] 패널에서 ▣(새 레이어 삽입)을 클릭하여 레이어를 삽입한 다음 전경색을 검정으로 설정합니다. [도구] 패널에서 ▨(브러시 도구)를 선택한 다음 옵션 바에서 선명한 원을 선택하고 크기는 '100px'로 설정합니다.

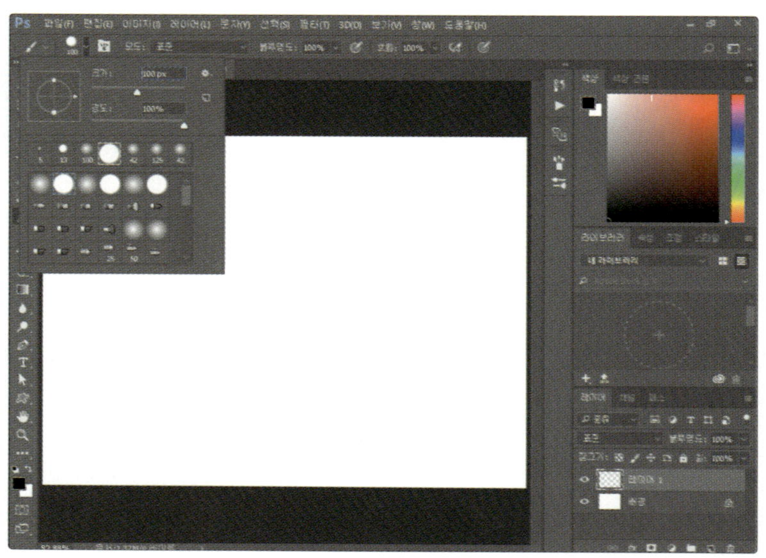

03 캔버스를 브러시로 드래그하여 테두리 영역을 그립니다.

04 테두리를 부드럽게 설정하기 위해 옵션 바에서 브러시 목록 단추를 클릭하여 ⚙(설정) 단추를 클릭한 다음 [수채화 재질 브러시]를 선택합니다.

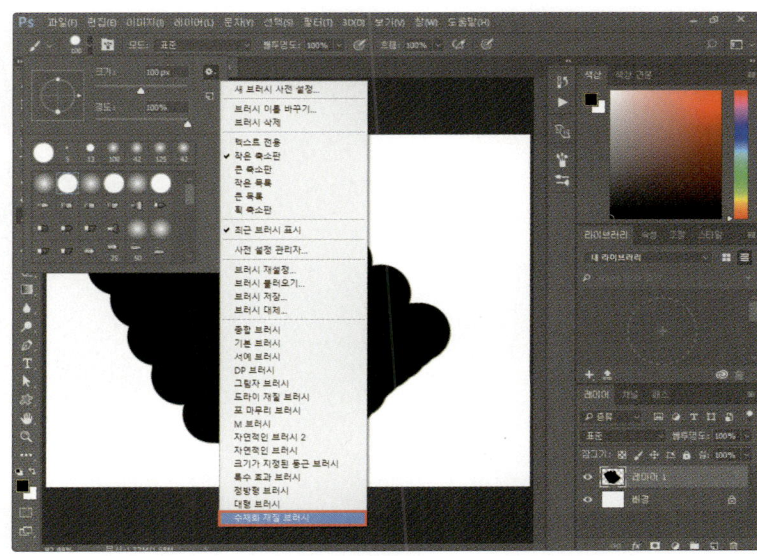

05 현재 브러시를 수채화 재질 브러시로 대체할 것인지 묻는 대화상자가 나타나면 [확인]을 클릭합니다.

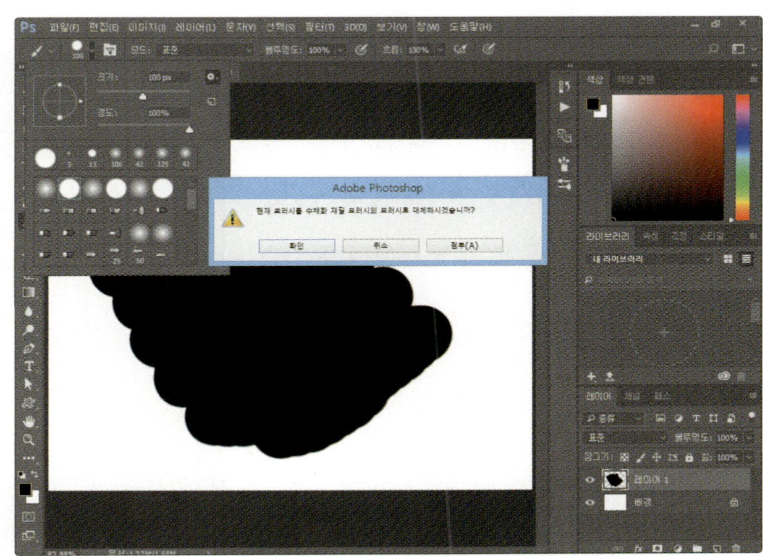

06 브러시 크기를 '수채화 텍스처 표면' 브러시를 선택한 다음 크기를 '100px'로 설정합니다.

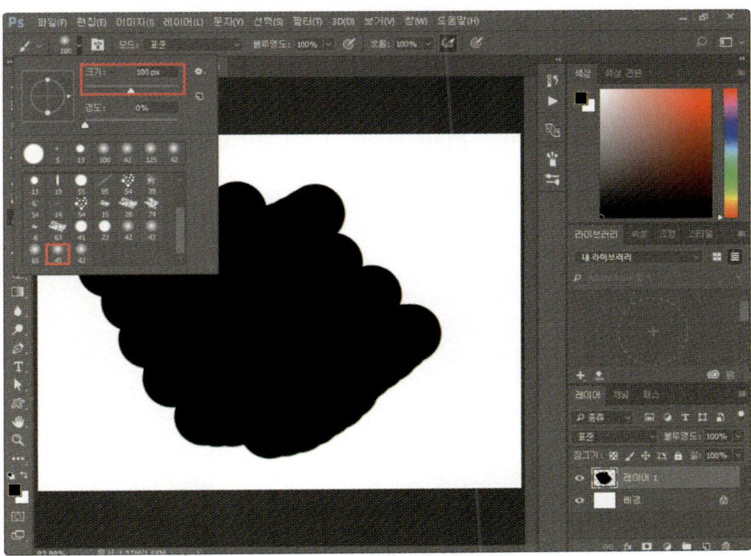

07 브러시로 칠한 영역 테두리를 다시 드래그하여 테두리를 부드럽게 드래그합니다.

08 [파일]-[열기]를 클릭하여 'ph14-02.jpg' 파일을 불러옵니다. 이미지를 복사하기 위해 Ctrl+A를 눌러 전체 이미지를 선택한 다음 Ctrl+C를 눌러 복사합니다.

09 제목 없음-1 창에서 Ctrl+V를 눌러 복사한 이미지를 붙여 넣은 다음 [레이어]-[클리핑 마스크 만들기]를 클릭하여 완성합니다.

점선 테두리 만들기

01 'ph14-03.psd' 파일을 불러옵니다. 레이어를 추가하기 위해 [레이어] 패널에서 ▣(새 레이어 삽입)을 클릭합니다.

02 [레이어] 패널에서 Ctrl 을 누른 상태로 쿠폰 레이어의 썸네일 이미지를 클릭하여 이미지 전체를 선택합니다.

03 이미지에 테두리를 설정하기 위해 [편집]-[획]을 클릭합니다.

04 [획] 대화상자에서 폭을 '6px', 색상은 빨간색(#ff4187) 계열로 설정하고 위치는 '안쪽'으로 선택한 다음 [확인]을 클릭합니다.

05 Ctrl + D 를 눌러 선택 영역을 해제하면 다음과 같이 실선 테두리가 만들어진 것을 확인할 수 있습니다. [레이어] 패널에서 ▣(새 레이어 삽입)을 클릭하여 레이어를 추가합니다.

06 [도구] 패널에서 ▣(사각형 선택 윤곽 도구)를 선택하여 다음과 같이 드래그하여 영역을 설정한 다음 [패스] 패널에서 ◈(선택 영역 패스)를 클릭하여 선택한 영역을 패스로 지정합니다.

07 [도구] 패널에서 ✐(브러시 도구)를 선택한 다음 옵션 바에서 ▣(브러시 패널 켜기/끄기)를 클릭합니다. [브러시] 패널에서 평면 펜 브러시를 선택한 다음 크기는 '8px', 간격은 '100%'로 설정합니다.

08 [패스] 패널에서 ◯(패스 획)을 클릭한 다음 ▣(브러시 패널 켜기/끄기)를 클릭하여 [브러시] 패널을 닫습니다.

09 [패스] 패널 빈 공간을 클릭하여 패스를 해제하면 다음과 같이 패스를 따라 원 모양 점선이 만들어진 것을 확인할 수 있습니다.

망점 테두리 만들기

01 'ph14-04.psd' 파일을 불러온 다음 [도구] 패널에서 ◯(원형 선택 윤곽 도구)를 클릭합니다. 다음과 같이 망점 효과를 만들 부분을 드래그하여 영역을 설정합니다.

02 [선택]-[반전]을 클릭하여 선택 영역을 반전 시킵니다.

> Tip 반전 : Ctrl + Shift + I

03 [도구] 패널에서 ▣(빠른 마스크 모드로 편집)을 클릭한 다음 [필터]-[픽셀화]-[색상 하프톤]을 클릭합니다.

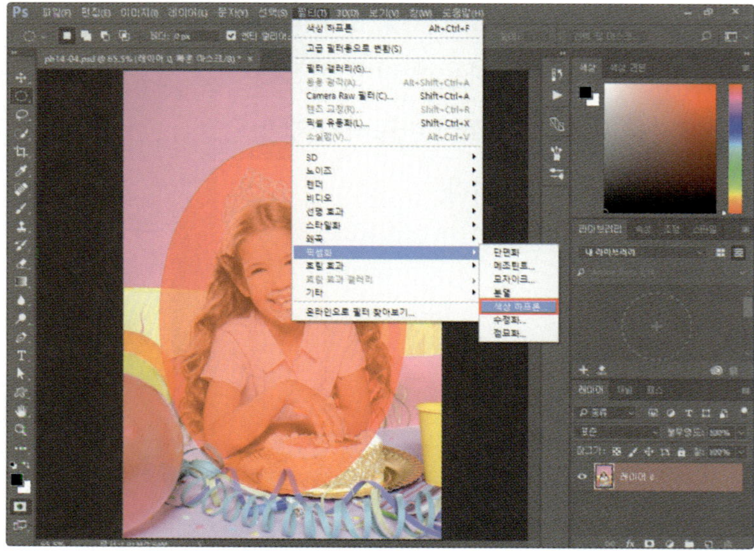

04 [색상 하프톤] 대화상자에서 최대 반경을 '15픽셀'로 설정한 후 [확인]을 클릭합니다.

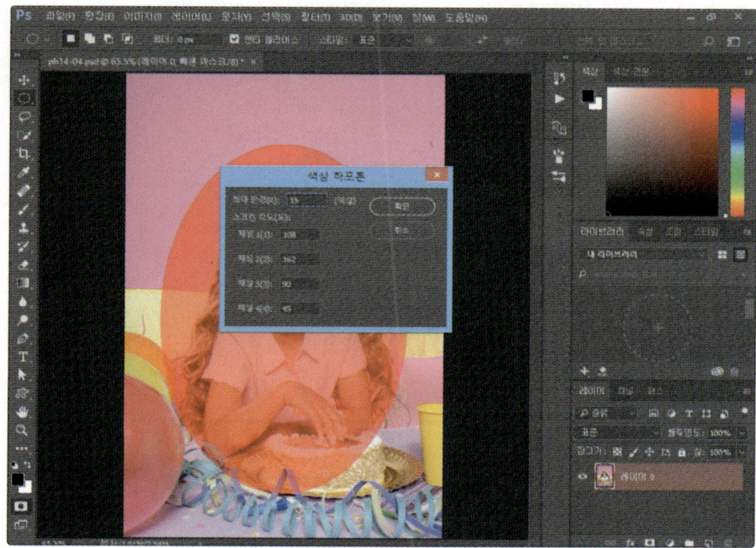

05 [도구] 패널에서 (표준 모드로 편집)을 클릭한 다음 Delete를 눌러 배경을 삭제하면 다음과 같이 방점 테두리가 완성된 것을 확인할 수 있습니다.

기초문제

01 '가야금.jpg' 파일을 불러와 사진 모퉁이 액션 기능을 이용하여 다음과 같이 테두리를 만들어 보세요.

▶ 완성파일 : 가야금_완성.psd

02 '예술.psd, 무용.jpg' 파일을 불러와 브러시를 이용하여 붓으로 터치한 느낌의 테두리를 만들어보세요.

▶ 완성파일 : 예술_완성.psd

03 '손.jpg' 파일을 불러와셰이프 도구와 패스를 이용하여 점선 테두리를 만들어 보세요.

▶ 완성파일 : 손_완성.psd

01 ‘강아지.jpg’ 파일을 불러와 자유 변형 기능을 이용하여 다음과 같이 사진을 만들어 보세요.

힌트
- 레이어를 삽입하여 흰색으로 배경을 채웁니다.
- [편집]–[변형]–[뒤틀기]를 클릭하여 사진 테두리를 왜곡시킵니다.
- 왜곡시킨 레이어를 복제한 다음 검은색으로 칠합니다.
- [편집]–[변형]–[뒤틀기]를 클릭하여 그림자 모양으로 왜곡시킵니다.

▶ 완성파일 : 강아지_완성.psd

02 ‘산타.jpg’ 파일을 불러와 패턴을 만들어 사진 테두리에 패턴을 적용해 보세요

▲ 완성파일 : 산타_완성.psd

힌트 **패턴 만들기**
- [파일]–[새로만들기]를 클릭하여 가로 ‘0.2 센티미터’, 세로 ‘0.02 센티미터’로 작업창을 만듭니다.
- 새로운 레이어를 추가한 다음 사각형 선택 윤곽 도구로 작업창 절반 정도의 영역을 설정한 다음 녹색 계열로 채웁니다.
- 다시 레이어를 하나 더 추가하여 나머지 절반 정도를 빨간색 계열로 채웁니다.
- [편집]–[패턴 정의]를 클릭하여 패턴을 등록합니다.

15 다양한 필터 활용하기

SECTION

필터를 사용하여 사진을 깨끗하게 만들거나 재손질하거나, 이미지에 스케치나 인상파 그림 같은 효과를 주는 특수 아트 효과를 적용하거나, 왜곡 및 조명 효과를 사용하여 독특한 변형을 만들어 낼 수 있습니다.

PREVIEW

▲ 완성파일 : ph15-01_완성.psd

▲ 완성파일 : ph15-02_완성.jpg

▲ 완성파일 : ph15-03_완성.psd

▲ 완성파일 : ph15-04_완성.psd

학습내용

실습 01 패닝 효과로 역동적인 이미지 만들기

실습 02 주밍 효과로 시선 모으는 이미지 만들기

실습 03 왜곡 필터로 물에 비치는 이미지 만들기

실습 04 연필로 스케치한 이미지 만들기

체크포인트

● 동작 흐림 효과를 적용하여 움직이는 이미지를 만들 수 있습니다.

● 노이즈 효과를 적용하여 블랜딩 모드를 적용하여 스케치한 이미지를 만들 수 있습니다.

패닝 효과로 역동적인 이미지 만들기

01 'ph15-01.jpg' 파일을 불러옵니다. 이미지의 밝기를 조절하기 위해 [이미지]-[조정]-[레벨]을 클릭합니다.

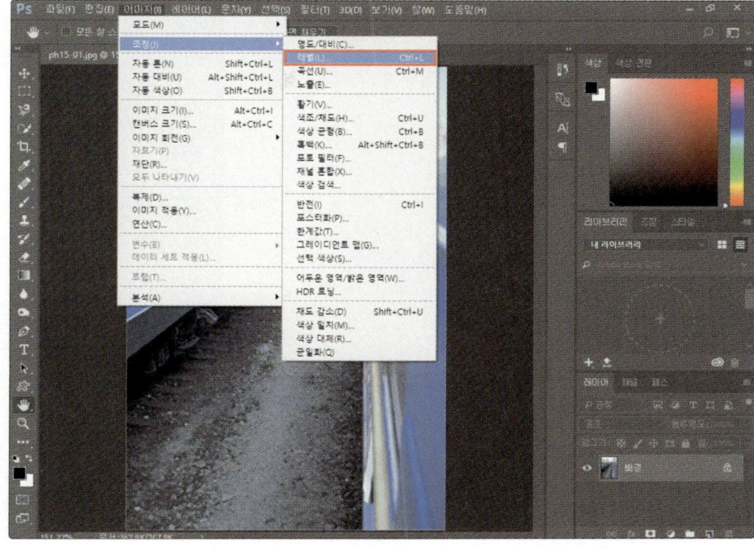

02 [레벨] 대화상자에서 다음과 같이 조절하고 [확인]을 클릭합니다.

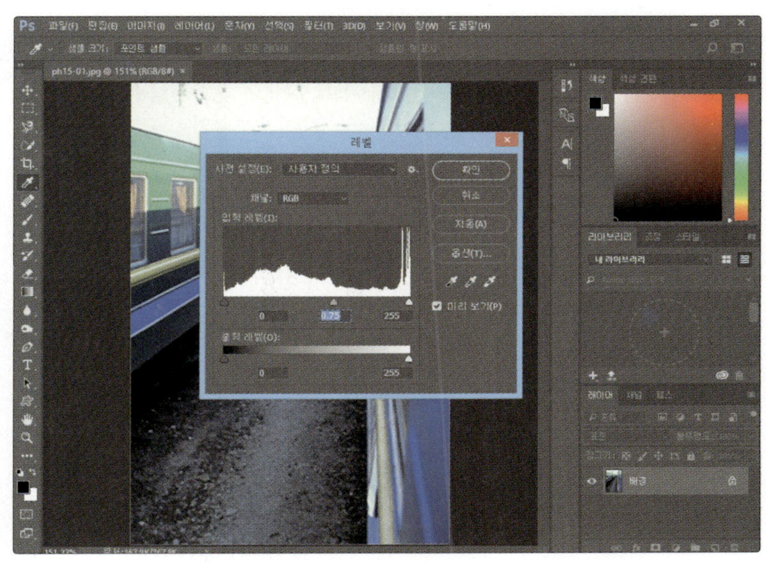

03 [도구] 패널에서 (빠른 선택 도구)를 클릭하고 [ ]와 [ ]를 눌러 브러시 크기를 조절하면서 오른쪽 기차를 선택 영역으로 설정합니다.

04 선택 영역을 부드럽게 설정하기 위해 [선택]-[수정]-[페더]를 클릭합니다.

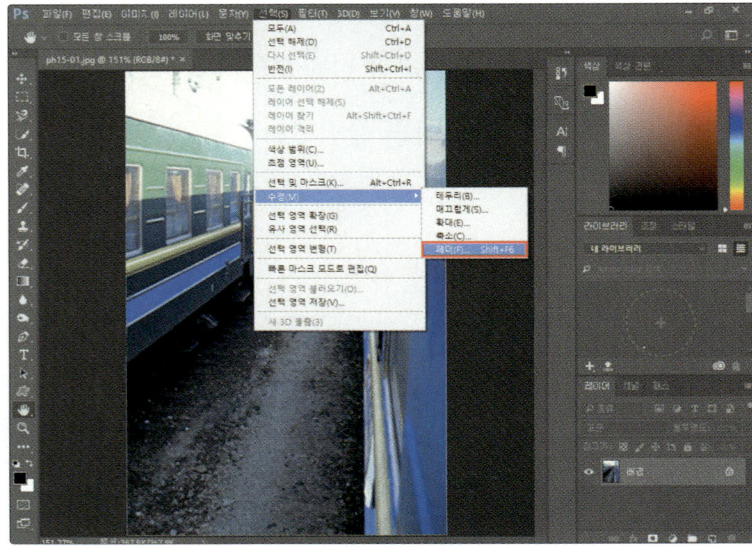

05 [선택 영역 페더] 대화상자에서 페더 반경을 '2 픽셀'로 설정하고 [확인]을 클릭합니다.

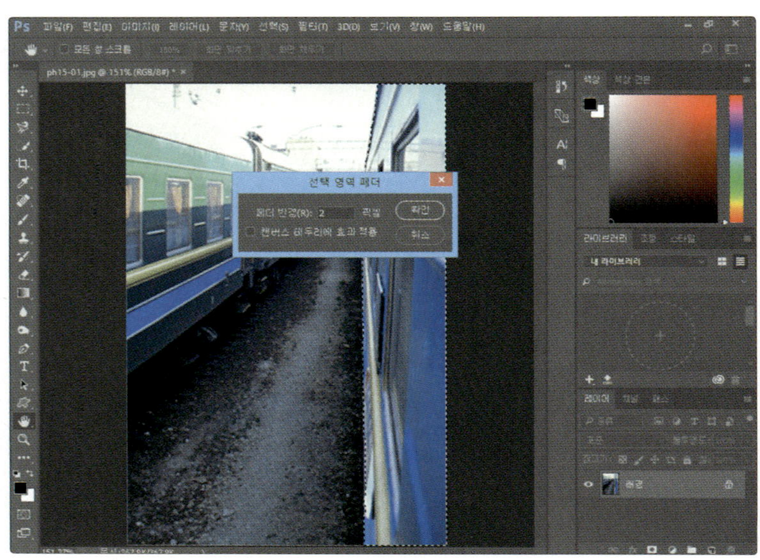

06 동작 흐림 효과를 설정하기 위해 [필터]-[흐림 효과]-[동작 흐림 효과]를 클릭합니다.

07 [동작 흐림 효과] 대화상자에서 각도는 '–50', 거리는 '10 픽셀'로 지정하고 [확인]을 클릭합니다.

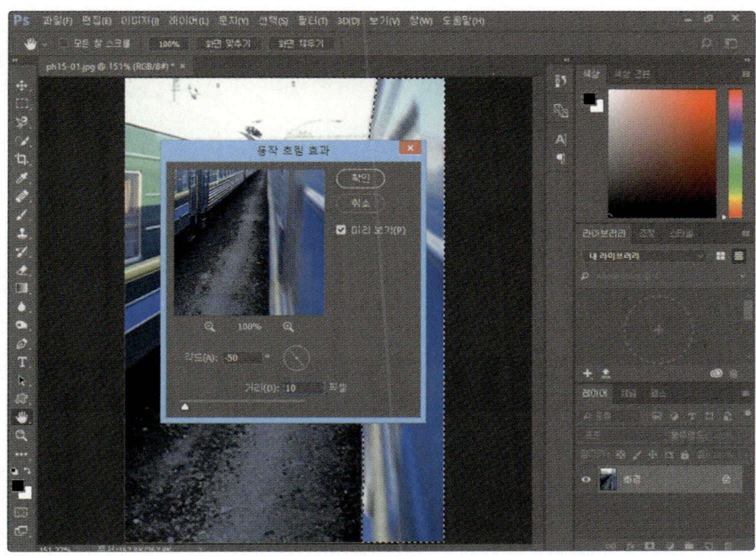

08 Ctrl+D를 눌러 선택 영역을 해제하면 다음과 같이 기차가 움직이는 모습으로 변경된 것을 확인할 수 있습니다.

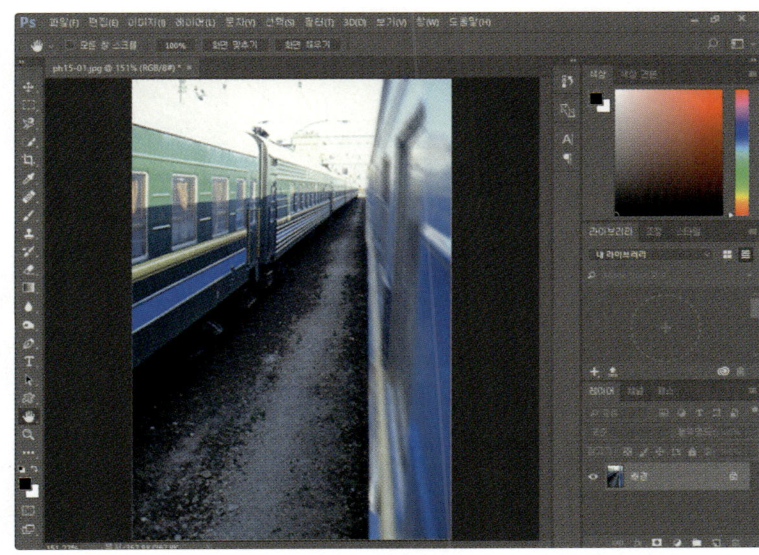

알아두기 　셰이프 트위닝 성립 조건

- 가우시안 흐림 효과 : 반경값을 설정하여 흐림 효과를 적용할 수 있습니다.
- 고급 흐림 효과 : 이미지에서 색 변화가 많은 외곽 부분은 효과를 적용하지 않고, 색 변화가 없는 부분만 흐림 효과를 적용합니다.
- 더 흐리게 : 흐림 효과를 여러번 적용한 것과 같은 효과를 줍니다.

▲ 원본 이미지

▲ 가우시안 흐림 효과

▲ 고급 흐림 효과

▲ 더 흐리게

주밍 효과로 시선 모으는 이미지 만들기

01 'ph15-02.jpg' 파일을 불러옵니다. [도구] 패널에서 ◯(원형 선택 윤곽 도구)를 선택한 아이들 얼굴을 중심으로 드래그하여 선택합니다.

02 선택 영역을 반전시키기 위해 [선택]-[반전]을 클릭합니다.

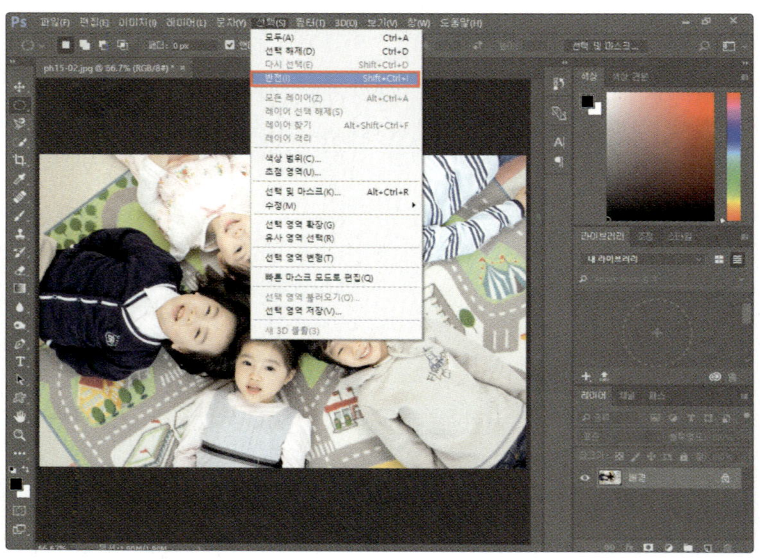

03 [필터]-[흐림 효과]-[방사형 흐림 효과]를 클릭합니다.

04 [방사형 흐림 효과] 대화상자에서 양은 '30', 흐림 효과 방법은 '돋보기'로 선택하고 [확인]을 클릭합니다.

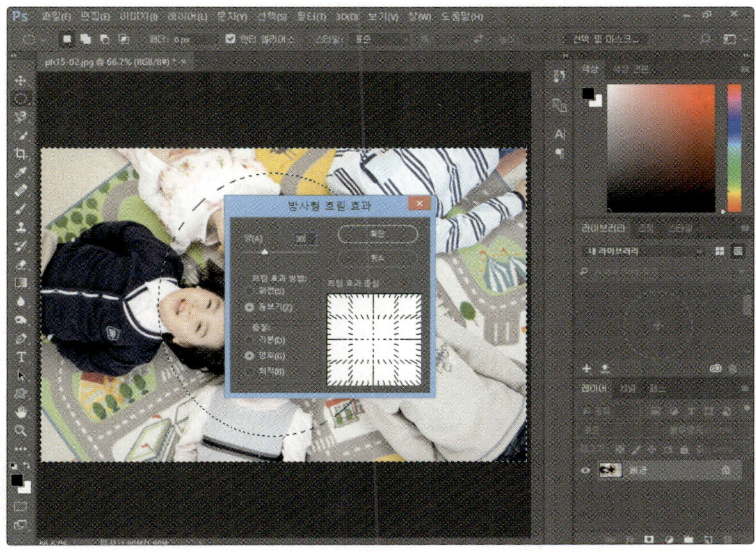

05 Ctrl + D 를 눌러 선택 영역을 해제하면 다음과 같이 아이들 얼굴 중심으로 시선이 집중되는 이미지가 완성되었습니다.

알아두기　　[방사형 흐림 효과] 대화상자 알아보기

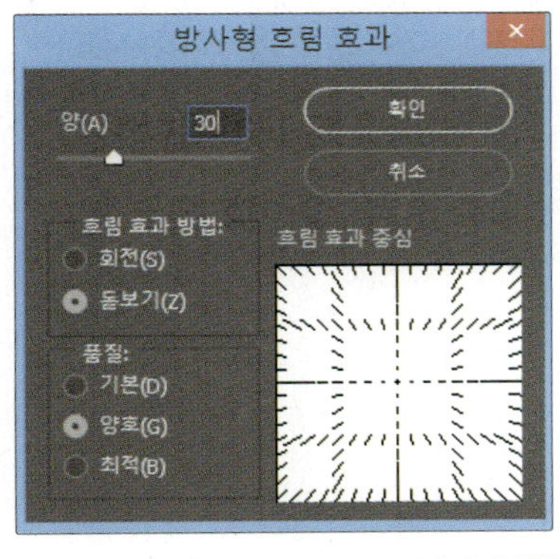

- 양 : 흐림 효과의 적용 정도를 설정합니다.
- 흐림 효과 방법 : 회전 – 원을 그리면서 회전하는 효과를 설정할 수 있습니다.
  돋보기 – 밖으로 점점 흐려지면서 선택한 영역 중심으로 집중 효과를 설정할 수 있습니다.
- 품질 : 흐림 효과의 표현 방식을 설정할 수 있습니다.
- 흐림 효과 중심 : 마우스로 드래그하면 흐림 효과의 중심을 이동 시킬 수 있습니다.

왜곡 필터로 물에 비치는 이미지 만들기

01 'ph15-03.jpg' 파일을 불러옵니다. 캔버스 크기를 키우기 위해 [이미지]-[캔버스 크기]를 클릭합니다.

02 [캔버스 크기] 대화상자에서 기준은 위쪽 가운데로 선택한 다음 높이를 '8.47 센티미터'로 설정하고 [확인]을 클릭합니다.

03 [도구] 패널에서 ✋(손 도구)를 더블 클릭하여 이미지를 화면 크기에 맞게 조절합니다. 다음과 같이 캔버스 크기가 아래쪽으로 키워진 것을 확인할 수 있습니다.

04 [도구] 패널에서 ▦(사각형 선택 윤곽 도구)를 선택한 다음 이미지 부분을 드래그하여 선택합니다. [레이어]-[새로 만들기]-[복사한 레이어]를 클릭합니다.

> **Tip** 복사한 레이어 : Ctrl + J

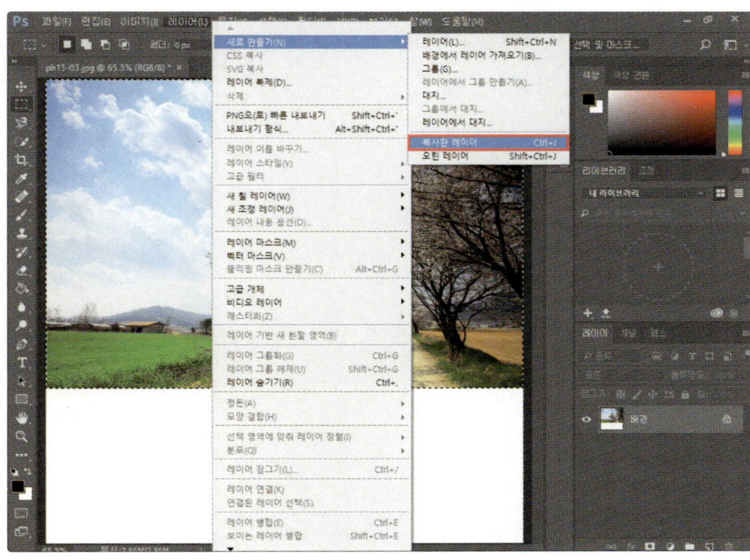

05 레이어 1에 선택한 영역이 복사되어 [레이어] 패널에 삽입되면 복사한 이미지를 상하 대칭 시키기 위해 [편집]-[변형]-[세로로 뒤집기]를 클릭합니다.

06 [도구] 패널에서 ✛(이동 도구)를 선택합니다. Shift를 누른 상태로 아래 방향으로 드래그하여 다음과 같이 이미지를 이동시킵니다.

> **Tip** Shift를 누른 상태로 이미지를 이동시키면 이미지가 수직 또는 수평 방향으로 이동됩니다.

07 물결 모양으로 이미지는 변형시키기 위해 [필터]-[왜곡]-[잔물결]을 클릭합니다.

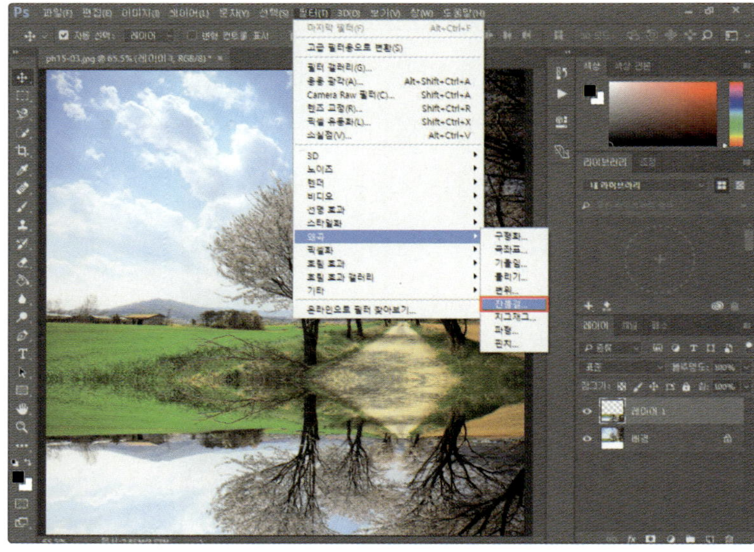

08 [잔물결] 대화상자가 나타나면 양을 '250%', 크기는 '중'으로 설정하고 [확인]을 클릭합니다.

09 (이동 도구)를 선택한 다음 이미지를 위쪽으로 약간 이동시킵니다.

10 두 개의 이미지의 경계선을 자연스 럽게 설정하기 위해 [도구] 패널에 서 █(전경색과 배경색 전환)을 클 릭한 다음 [레이어] 패널에서 █(레 이어 마스크)를 클릭합니다. [도구] 패널에서 █(그레디언트 도구)를 선택한 다음 옵션 바에서 불투명도 를 '70%'로 설정합니다.

11 이미지 경계선 중심으로 아래 방향 으로 드래그하여 마스크를 적용합 니다.

연필로 스케치한 이미지 만들기

01 'ph15-04.jpg' 파일을 불러옵니다. 배경 레이어를 복제하기 위해 [레이어]-[새로 만들기]-[복사한 레이어]를 클릭합니다.

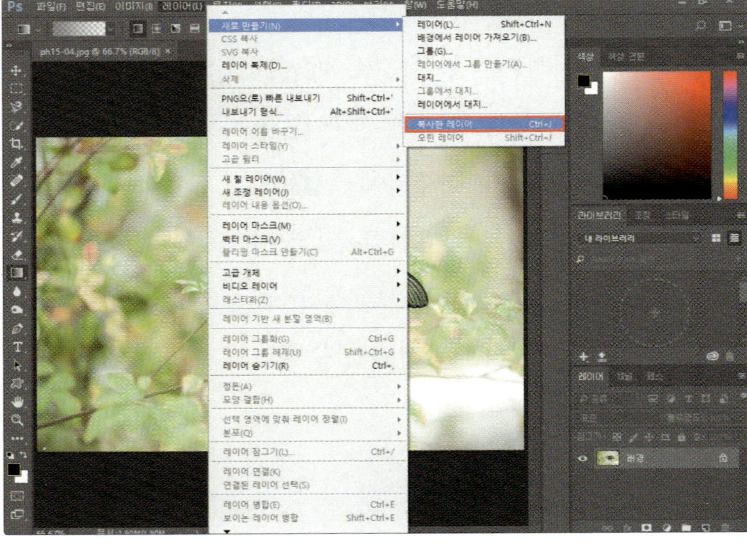

02 스케치 효과를 설정하기 위해 [필터]-[스타일화]-[가장자리 찾기]를 클릭합니다.

03 이미지를 흑백으로 변경하기 위해 [이미지]-[조정]-[채도 감소]를 클릭합니다.

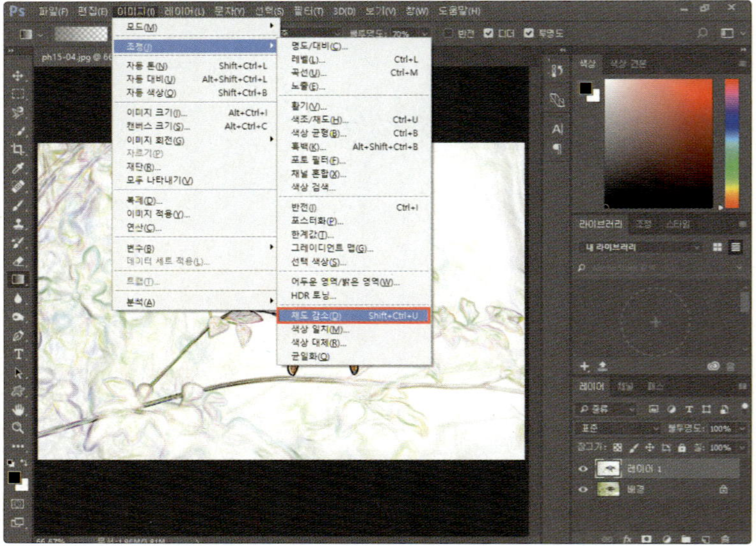

04 노이즈 효과를 주기 위해 [필터]–[노이즈]–[노이즈 추가]를 클릭합니다.

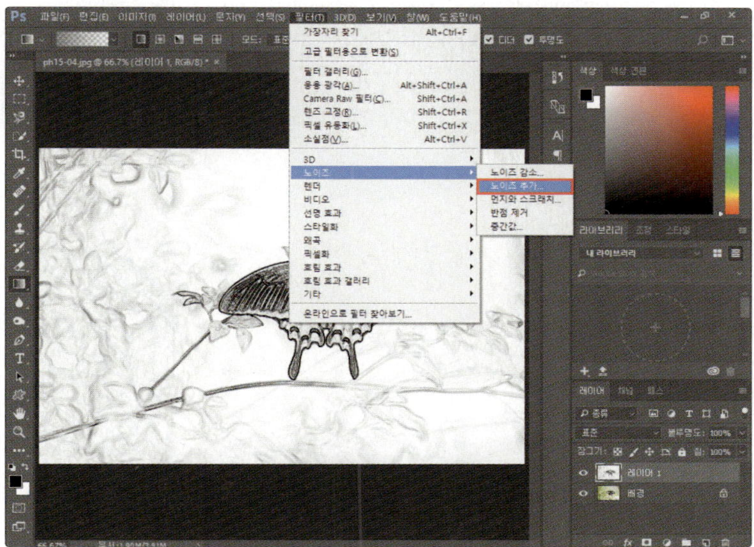

05 [노이즈 추가] 대화상자에서 양은 '15%', 분포는 '균일'을 선택하고 '단색'에 체크를 한 후 [확인]을 클릭합니다.

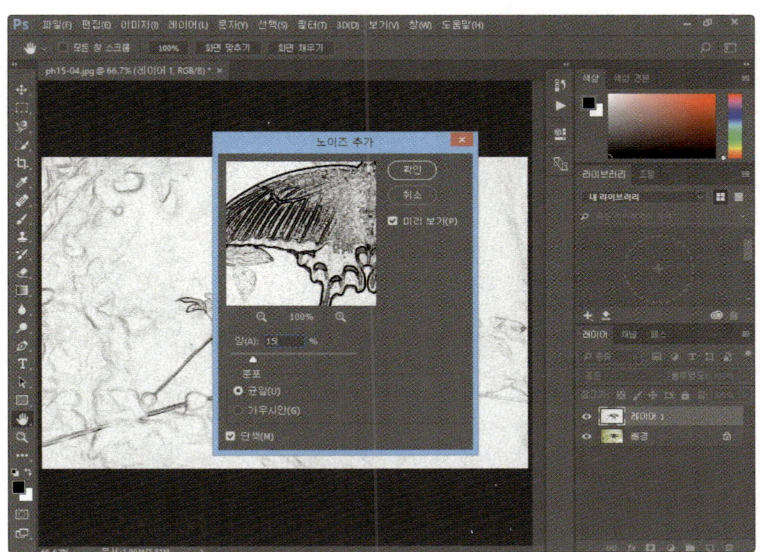

06 [레이어] 패널에서 블랜딩 모드 목록 단추를 클릭하여 '밝게 하기'를 클릭하면 다음과 같이 연필로 스케치한 이미지가 완성됩니다.

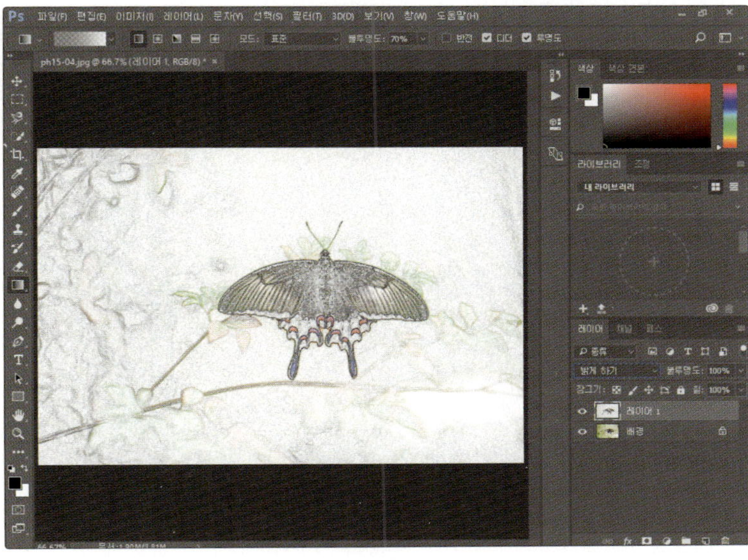

01 '모자이크.jpg' 파일을 불러와 모자이크 필터를 적용해 보세요.

> 힌트 [필터]-[픽셀화]-[모자이크]

▶ 완성파일 : 모자이크_완성.jpg

02 '호수.jpg' 파일을 불러와 렌즈 플레어 필터를 적용하여 빛이 비추는 이미지를 만들어 보세요.

> 힌트 [필터]-[렌더]-렌즈 플레어]

▶ 완성파일 : 호수_완성.jpg

03 '취미.jpg' 파일을 불러와 방사형 흐림 효과 필터를 적용하여 주밍 효과를 만들어 보세요.

▶ 완성파일 : 취미_완성.jpg

01 '시골.jpg' 파일을 불러와 스타일화의 돌출 필터를 이용하여 다음과 같이 만들어 보세요.

▶ 완성파일 : 시골_완성.jpg

02 '시골풍경.jpg' 파일을 불러와 블랜딩 모드를 이용하여 다음과 같이 스케치 한 이미지를 만들어 보세요.

▶ 완성파일 : 시골풍경_완성.psd

03 '보드.jpg' 파일을 불러와 [필터]-[필터 갤러리]를 이용하여 포스터 효과를 만 들어보세요.

힌트 [필터 갤러리]에서 [예술 효과]-[포스터 가장자리]

▶ 완성파일 : 보드_완성.psd

16 채널 활용하기

SECTION

이미지의 색상과 선택 영역에 대한 정보를 가지고 있는 것을 채널이라고 합니다. 채널을 이용하여 흑백 이미지를 만들 수 있을 뿐만 아니라 머리카락처럼 미세한 부분을 선택 영역으로 쉽게 설정할 수 있습니다.

PREVIEW

▲ 완성파일 : ph16-01_완성.psd

▲ 완성파일 : ph16-03_완성.psd

▲ 완성파일 : ph16-02_완성.psd

학습내용

실습 01 채널을 활용하여 이미지 합성하기

실습 02 흑백 이미지 만들기

실습 03 채널 마스크로 인물 잘라내기

체크포인트

● 채널을 활용하는 방법에 대해 알 수 있습니다.

● 이미지 모그를 변경하는 방법에 대해 알수 있습니다.

● 채널 마스크를 이용하여 이미지의 세밀한 부분을 선택 영역으로 설정할 수 있습니다.

채널을 활용하여 이미지 합성하기

01 'ph16-01.jpg'과 '하늘.jpg' 파일을 불러옵니다. 'ph16-01.jpg' [레이어] 패널에서 '배경' 레이어를 선택한 다음 [레이어]-[레이어 복제]를 클릭합니다.

02 [레이어 복제] 대화상자가 나타나면 [확인]을 클릭합니다.

03 [레이어] 패널에서 '배경' 레이어를 선택한 다음 [채널] 패널을 클릭합니다.

04 파랑 채널을 선택한 다음 마우스 오른쪽 단추를 클릭하여 [채널 복제]를 클릭합니다.

05 [채널 복제] 대화상자가 나타나면 [확인]을 클릭합니다.

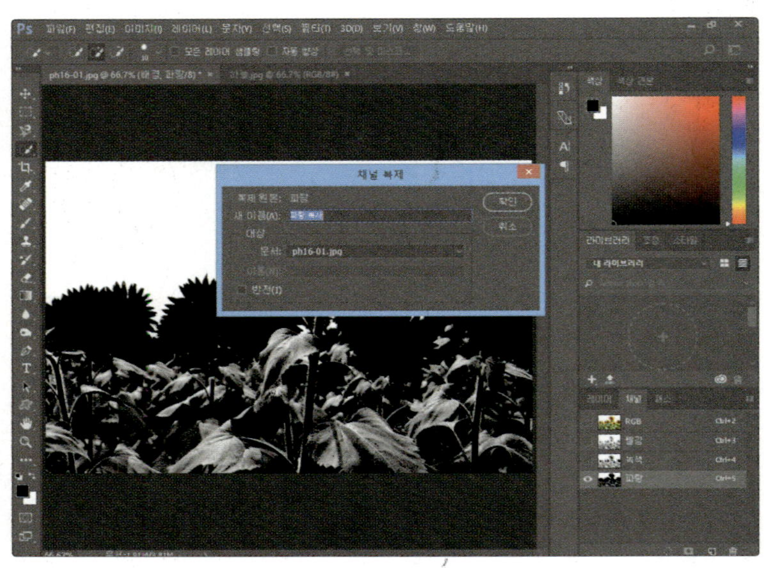

06 빠른 영역 선택 도구를 이용하여 흰색 부분을 모두 선택합니다.

07 선택 영역을 반전시키기 위해 [선택]–[반전]을 클릭합니다.

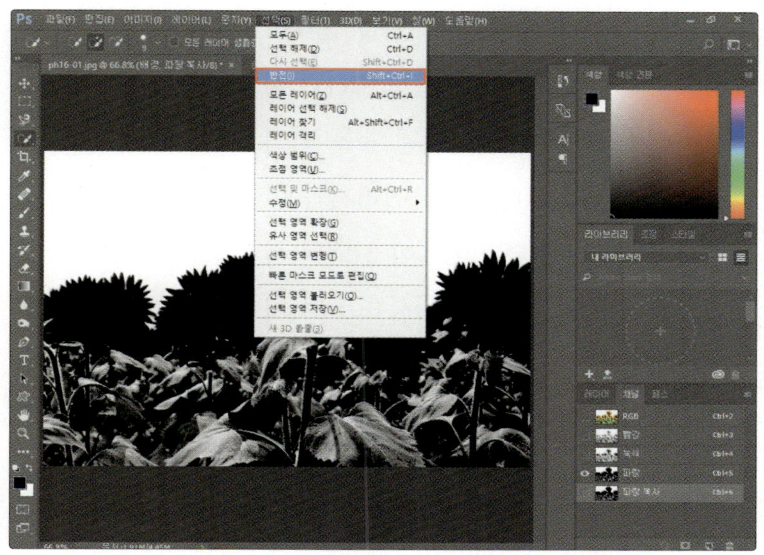

08 [레이어] 패널에서 '배경 복사' 레이어를 🗑(휴지통)으로 드래그하여 삭제합니다.

09 배경 레이어를 복사하기 위해 [레이어]–[새로 만들기]–[복사한 레이어]를 클릭합니다.

10 배경 레이어의 눈 아이콘을 클릭하여 배경 레이어를 화면에 숨기면 레이어 1에 배경이 삭제된 것을 확인할 수 있습니다. 하늘 이미지와 합성하기 위해 '레이어 1'이 선택된 상태에서 Ctrl + A 를 눌러 이미지 전체를 선택한 다음 Ctrl + C 를 눌러 선택한 이미지를 복사합니다.

11 하늘 이미지 창에서 Ctrl + V 를 눌러 선택한 복사한 이미지를 붙여 넣기 합니다.

알아두기 **[채널] 패널 알아보기**

채널은 색상 채널, 알파 채널, 별색 채널이 있으며, 선택 영역의 정보를 저장하여 이미지를 다양하게 편집하여 특수 효과를 만들 수 있습니다.

- 색상 채널 : 이미지를 구성하는 색상에 대한 정보를 나타냅니다.
- 알파 채널 : 선택 영역을 저장할 때 사용됩니다.
- 스팟 채널 : 출력할 때 별색 인쇄를 위한 별도의 색상을 채널을 만듭니다.

❶ 채널을 선택 영역으로 설정합니다.
❷ 선택 영역을 채널로 설정합니다.
❸ 새로운 알파 채널이 만들어 집니다.
❹ 선택한 채널을 삭제합니다.

흑백 이미지 만들기

01 'ph16-02.jpg' 파일을 불러온 다음 [이미지]-[모드]-[Lab 색상]을 클릭합니다.

02 [채널] 패널에서 '밝기' 채널을 선택한 다음 [레이어] 패널을 클릭합니다.

03 [이미지]-[모드]-[회색 음영]을 클릭합니다.

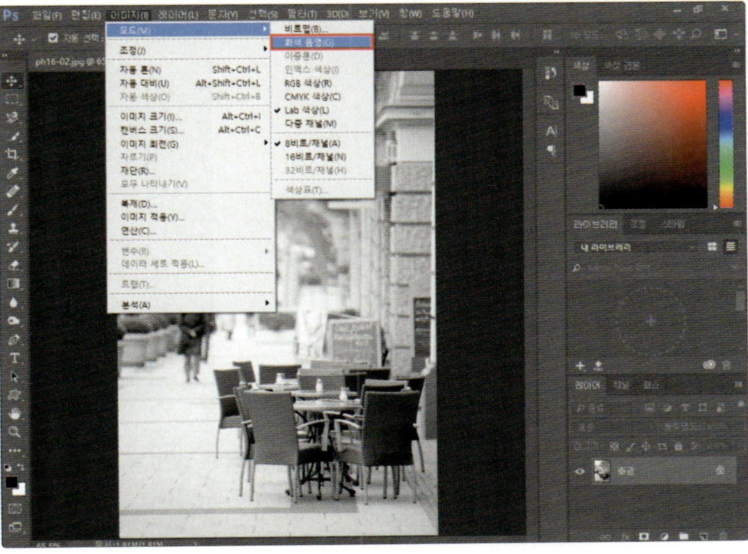

04 채널 삭제 유무 대화상자가 나타나면 [확인]을 클릭합니다.

05 '배경' 레이어를 복제하기 위해 [레이어]-[레이어 복제]를 클릭한 다음 [레이어 복제] 대화상자가 나타나면 [확인]을 클릭합니다.

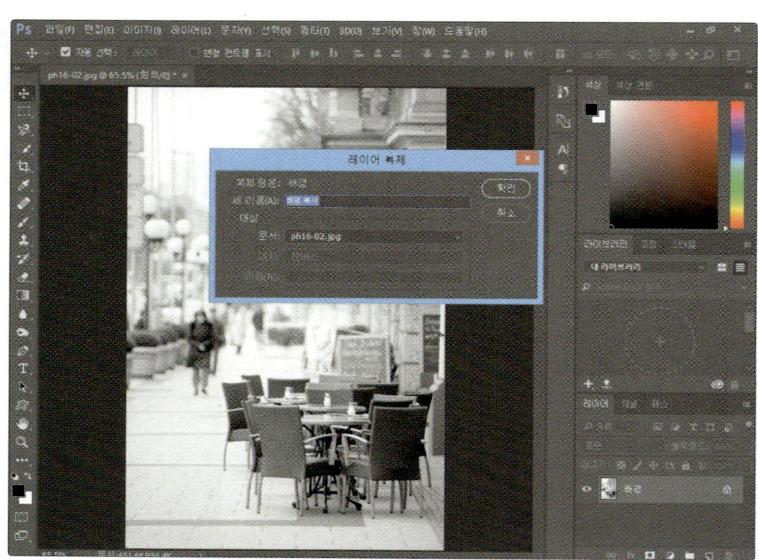

06 [레이어] 패널에서 블랜딩 모드를 '곱하기'로 선택하고 불투명도를 '30%'로 설정하여 완성합니다.

실습 03 채널 마스크로 인물 잘라내기

01 'ph16-03.jpg'과 '빌딩.jpg' 파일을 불러옵니다. 'ph16-03.jpg' 창에서 [선택]-[선택 및 마스크]를 클릭합니다.

02 보기 목록 단추를 클릭하여 '오버레이'를 선택합니다.

03 [도구] 패널에서 ☑(빠른 선택 도구)를 선택한 다음 인물을 중심으로 드래그합니다.

04 [도구] 패널에서 (돋보기 도구)를 클릭하여 머리카락 부분을 확대합니다.

05 머리카락 부분을 마우스로 드래그하여 마스크 영역을 삭제한 후 [확인]을 클릭합니다.

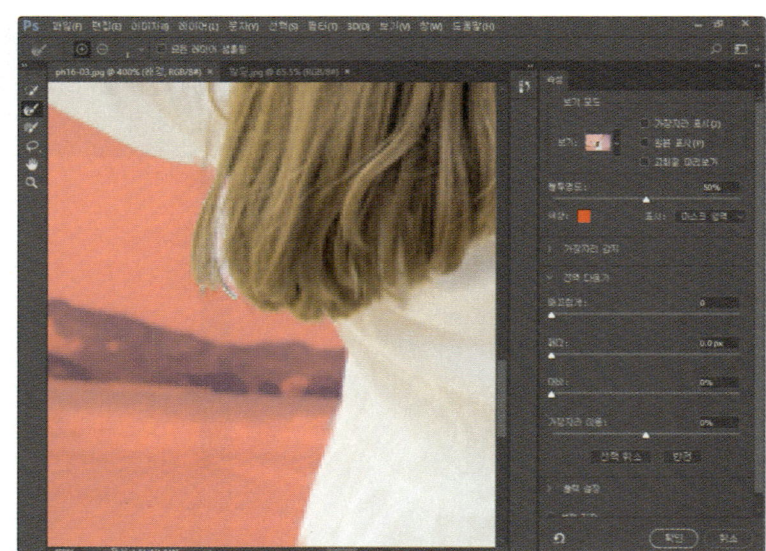

06 [도구] 패널에서 (손바닥 도구)를 더블 클릭하여 이미지를 화면에 맞추면 다음과 같이 배경에 마스크가 적용된 것을 확인할 수 있습니다.

07 [레이어] 패널에서 레이어 0의 이미지 부분을 선택한 다음 Ctrl 을 누른 상태로 마스크 영역을 클릭합니다. 인물이 선택되면 Ctrl + C 를 눌러 선택 영역을 복사합니다.

08 빌딩 이미지 창에서 Ctrl + V 를 눌러 복사한 이미지는 붙여 넣기하여 완성합니다.

알아두기 블랜딩 모드 알아보기

선택한 레이어와 바로 아래 있는 레이어를 특정한 효과를 주어 합성하는 것을 말합니다.

● 어둡게 하기 : 두 레이어의 색상을 비교하여 더 어두운 색상을 나타냅니다.

● 곱하기 : 어두운 부분은 겹쳐서 나타내고, 밝은 부분은 투명해 집니다.

● 밝게 하기 : 더욱 밝은 색상으로 나타나며 두 이미지 중 더 밝은 색상이 그대로 표현됩니다

▲ 어둡게 하기

▲ 곱하기

▲ 밝게 하기

기초문제

01 '헤어.jpg' 파일을 불러와 채널을 이용하여 다음과 같이 이미지의 배경을 지워 보세요.

▶ 완성파일 : 헤어_완성.psd

02 '여행.jpg' 파일을 불러와 흑백 이미지를 채널을 이용하여 만들어 보세요.

▶ 완성파일 : 여행_완성.psd

03 '호랑이.jpg'와 '새.jpg' 파일을 불러와 채널을 이용하여 다음과 같이 이미지를 합성해 보세요.

▶ 완성파일 : 호랑이_완성.psd

01 '결혼.jpg' 파일을 불러와 도형과 이미지를 이용하여 청첩
장을 만들어 보세요.

▶ 완성파일 : 청첩장_완성.psd

02 '광고배너.jpg'와 '요가.jpg' 파일을 불러와 클
리핑 마스크와 스타일 기능을 이용하여 다음
과 같이 배너를 만들어 보세요.

▶ 완성파일 : 광고배너_완성.psd

03 '로고.jpg' 파일을 이용하여 동호회 로고를
만들어 보세요.

▶ 완성파일 : 로고_완성.psd

17
SECTION

애니메이션 만들기

이미지나 텍스트를 이용하여 화면 전환 애니메이션을 만들거나, 텍스트가 한 글자씩 나타나는 애니메이션을 만들 수 있습니다.

PREVIEW

▲ 완성파일 : ph17-01.gif

▲ 완성파일 : ph17-02.gif

▲ 완성파일 : ph17-03.gif

학습내용

실습 01 간단한 애니메이션 만들기

실습 02 트윈 효과 설정하기

실습 03 텍스트가 나타나는 애니메이션

체크포인트

- 이미지를 이용하여 슬라이드 쇼를 만들 수 있습니다.
- 트윈 효과를 설정하여 점차적으로 다른 이미지로 변하는 애니메이션을 만들 수 있습니다.
- 텍스트를 이미지로 변환하여 한글자씩 나타나는 애니메이션을 만들 수 있습니다.

간단한 애니메이션 만들기

01 'ph17-01.psd' 파일을 불러온 다음 [창]-[타임라인]을 클릭합니다.

02 타임라인 창에서 [비디오 타임라인 만들기] 목록 단추를 클릭하여 [프레임 애니메이션 만들기]를 클릭합니다.

03 타임라인에 프레임을 추가하기 위해 [프레임 애니메이션 만들기]를 클릭합니다.

04 배경 이미지가 프레임으로 추가되면 [레이어] 패널에서 레이어 1과 레이어 2의 눈 아이콘을 클릭하여 레이어가 보이지 않도록 감춥니다.

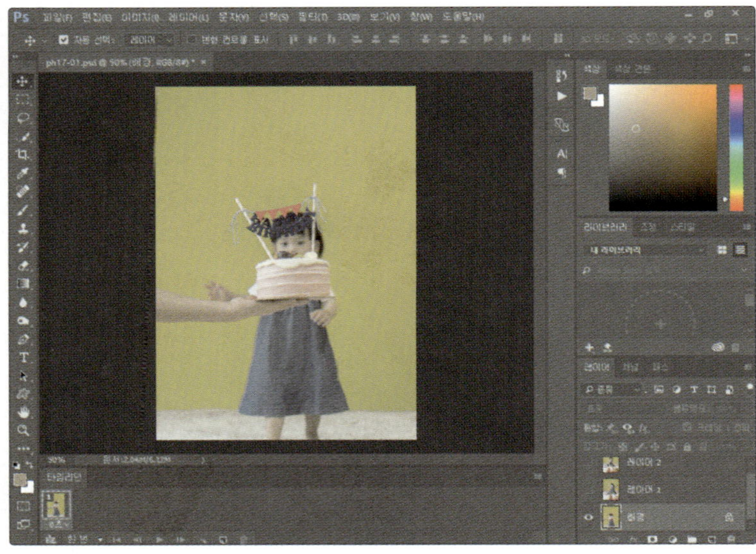

05 ▣를 클릭하여 새로운 프레임을 추가합니다. [레이어] 패널에서 배경 레이어와 레이어 2의 눈 아이콘을 클릭하여 레이어가 보이지 않도록 감춥니다.

06 다시 프레임을 추가하기 위해 ▣를 클릭하여 새로운 프레임을 추가하고 [레이어] 패널에서 레이어 2의 눈 아이콘을 표시하고, 레이어 1의 눈 아이콘을 클릭하여 레이어가 보이지 않도록 감춥니다.

07 시간을 조절하기 위해 1번 프레임을 선택한 다음 Shift 를 누른 상태로 3번 프레임을 클릭하여 프레임을 모두 선택한 다음 시간 목록 단추를 클릭하여 시간 메뉴에서 '1.0'을 선택합니다.

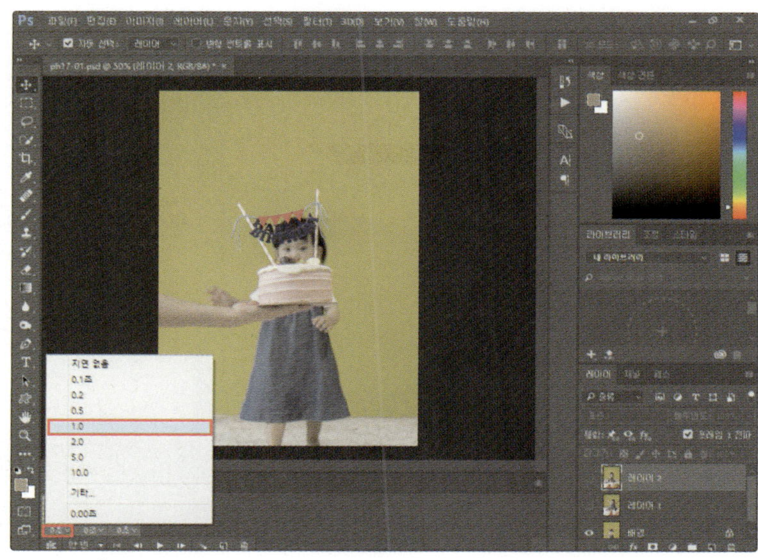

08 ▶(실행) 단추를 클릭하면 3개의 이미지가 순서대로 1초 간격으로 보여지는 것을 확인할 수 있습니다.

09 반복적으로 애니메이션이 진행하기 위해 한번 목록 단추를 클릭하여 '계속'을 클릭합니다.

10 애니메이션을 저장하기 위해 [파일]-[내보내기]-[웹용으로 저장(레거시)]를 클릭합니다.

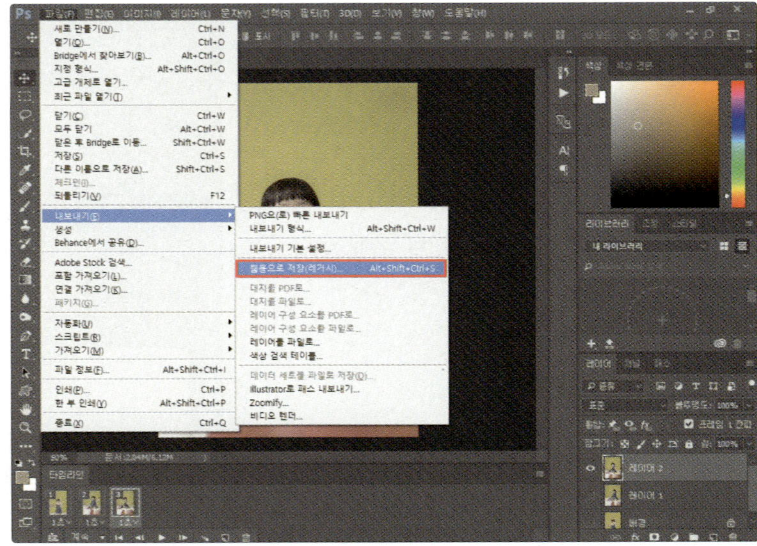

11 [웹용으로 저장] 대화상자에서 파일 형식을 'GIF'로 지정하고 [저장]을 클릭합니다.

12 [최적화 다른 이름으로 저장] 대화상자에서 저장 위치와 파일 이름을 입력하고 [저장]을 클릭합니다.

트윈 효과 설정하기

01 'ph17-02.psd' 파일을 불러옵니다. [비디오 타임라인 만들기] 목록 단추를 클릭하여 [프레임 애니메이션 만들기]를 클릭합니다. 프레임을 추가하기 위해 [프레임 애니메이션 만들기]를 클릭합니다.

02 배경 이미지가 프레임으로 추가되면 [레이어] 패널에서 레이어 1과 레이어 2의 눈 아이콘을 클릭하여 레이어가 보이지 않도록 감춥니다.

03 ▣를 클릭하여 새로운 프레임을 추가합니다. [레이어] 패널에서 레이어 1의 눈을 클릭하여 화면에 표시하고 배경 레이어와 레이어 2의 눈 아이콘을 클릭하여 레이어가 보이지 않도록 감춥니다.

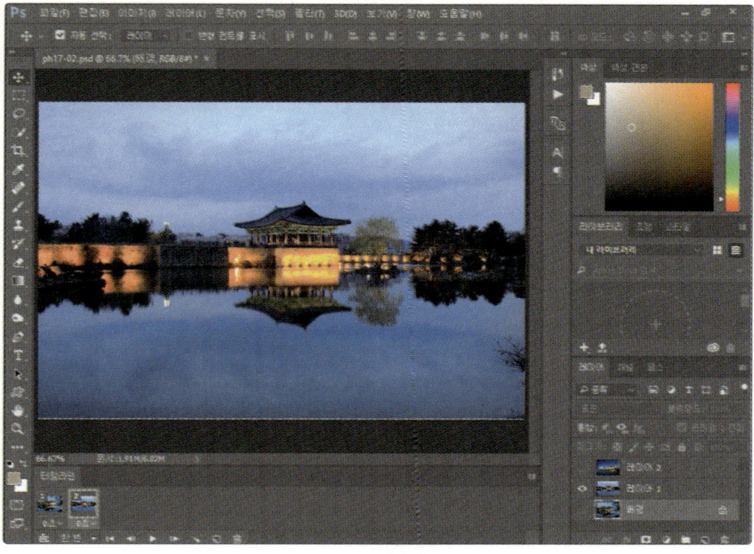

04 같은 방법으로 ⬜를 클릭하여 새로운 프레임을 추가합니다. [레이어] 패널에서 레이어 2의 눈을 클릭하여 화면에 표시하고 배경 레이어와 레이어 1의 눈 아이콘을 클릭하여 레이어가 보이지 않도록 감춥니다.

05 1번 프레임을 선택한 다음 ◤(트윈)을 클릭합니다. [트윈] 대화상자가 나타나면 트윈 방법을 '다음 프레임'으로, 추가할 프레임은 '5'로 입력하고 [확인]을 클릭합니다.

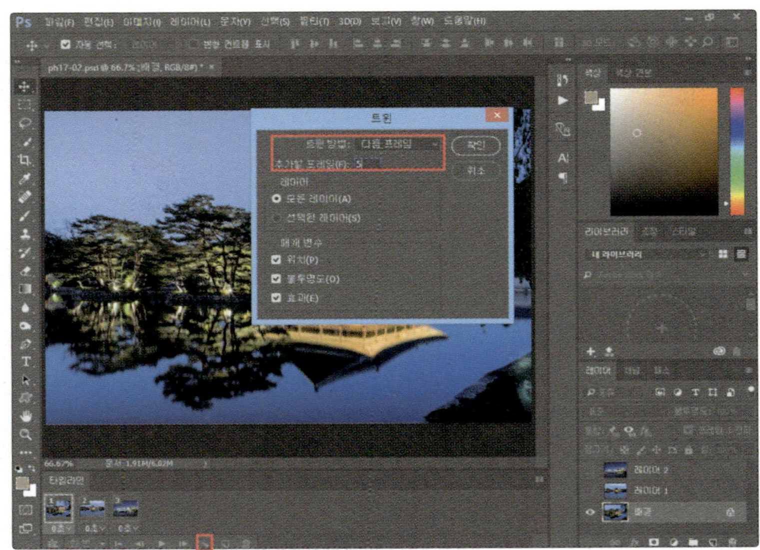

06 중간 프레임이 5개 추가된 것을 확인할 수 있습니다. 이번에는 7번 프레임을 선택한 다음 ◤(트윈)을 클릭합니다. [트윈] 대화상자가 나타나면 트윈 방법을 '다음 프레임'으로, 추가할 프레임은 '5'로 입력하고 [확인]을 클릭합니다.

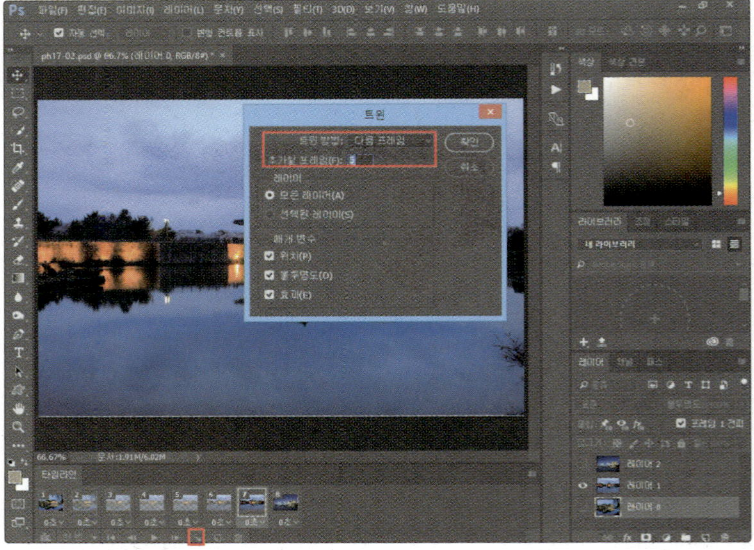

07 시간을 조절하기 위해 ⌈Ctrl⌋을 누른 상태로 1번, 7번, 13번 프레임을 선택한 다음 시간 목록 단추를 클릭하여 '0.5'를 클릭합니다.

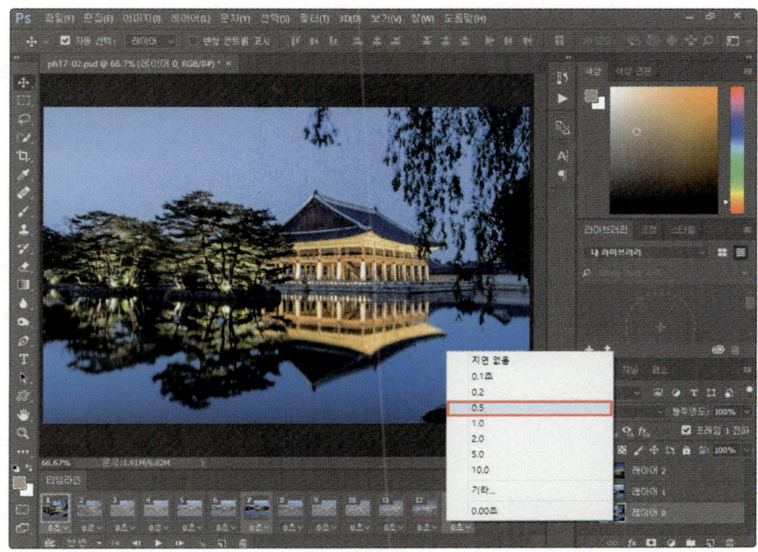

08 ▶(실행) 단추를 클릭하면 이미지가 자연스럽게 겹쳐지면서 변하는 애니메이션을 확인할 수 있습니다.

텍스트가 나타나는 애니메이션

01 'ph17-03.psd' 파일을 불러옵니다. 입력되어 있는 텍스트를 이미지로 변경하기 위해 [레이어] 패널에서 '텍스트' 레이어를 선택한 다음 [레이어]-[래스터화]-[문자]를 클릭합니다.

02 텍스트가 이미지로 변경되면 문자를 각각 레이어로 이동시키기 위해 ▦(사각형 선택 윤곽 도구)를 선택한 다음 'S'를 제외한 텍스트를 모두 선택합니다.

03 마우스 오른쪽 단추를 클릭하여 [오린 레이어]를 클릭합니다.

04 레이어 패널에 'S'를 제외한 나머지 텍스트가 '레이어 1'로 오려진 것을 확인할 수 있습니다. 레이어 1이 선택된 상태에서 'U'를 제외한 텍스트를 모두 선택한 후 마우스 오른쪽 단추를 클릭하여 [오린 레이어]를 클릭합니다.

05 같은 방법으로 나머지 텍스트도 각각 레이어로 분리합니다.

06 '배경' 레이어를 선택한 다음 [프레임 애니메이션 만들기]를 클릭합니다.

07 타임라인 패널에서 ∎ 단추를 클릭하여 [레이어에서 프레임 만들기]를 클릭합니다.

08 다음과 같이 6개의 레이어가 자동으로 프레임으로 삽입됩니다.

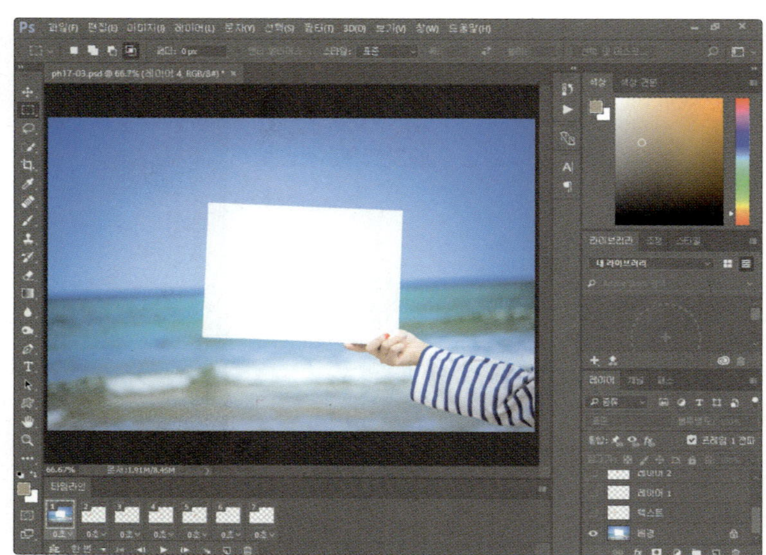

09 두 번째 프레임을 선택한 다음 [레이어] 패널에서 '배경' 레이어와 '텍스트' 레이어의 눈을 표시합니다.

10 이번에는 3번 프레임을 선택한 다음 '배경' 레이어부터 '레이어 1' 까지 눈 아이콘을 클릭하여 화면에 표시합니다.

11 4번 프레임을 선택한 다음 '배경' 레이어부터 '레이어 2'까지 눈 아이콘을 클릭하여 화면에 표시합니다.

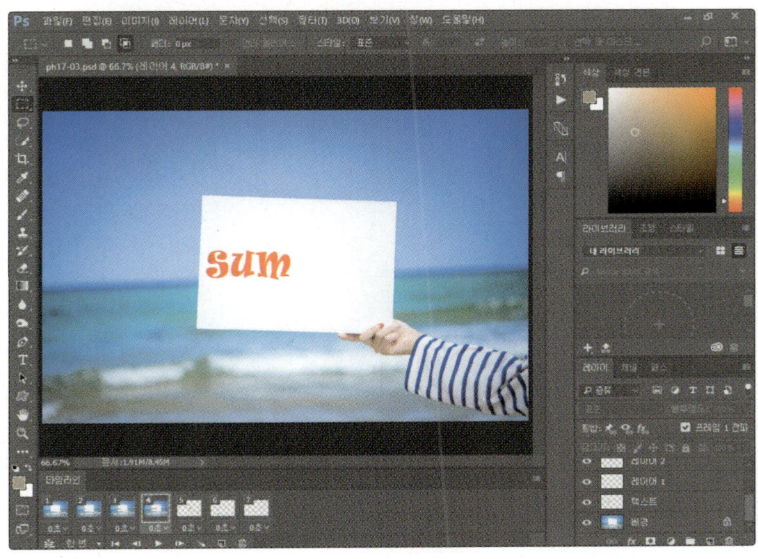

12 같은 방법으로 7번 프레임까지 레이어가 순차적으로 표시되도록 설정한 다음 ▶(실행) 단추를 클릭하면 텍스트가 하나씩 나타나는 애니메이션이 완성됩니다.

01 '음식.psd' 파일을 불러와 이미지가 슬라이드 되는 애니메이션을 만들어 보세요.

◀ 완성파일 : 음식_완성.gif

02 '크리스마스.jpg' 파일을 불러와 별 도형을 이용하여 움직이는 별을 만들어 보세요

▲ 완성파일 : 크리스마스_완성.gif

01 '친구.jpg' 파일을 불러와 색이 변하는 애니메이션을 만들어 보세요.

▲ 완성파일 : 친구_완성.gif

02 '아이1.jpg, 아이2.jpg, 아이3.jpg, 배경.jpg' 파일을 불러와 도형과 클리핑 마스크를 이용하여 사진 갤러리를 만들어 보세요.

▲ 완성파일 : 생일_완성.gif

"신 개념 IT 교재 New My Love 시리즈"

포토샵 CS5(영문판)

황현숙 지음 |
국배판 | 216쪽 |
11,000원

포토샵 CS6(한글판)

전종원 지음 |
국배판 | 212쪽 |
11,000원

일러스트레이터 CS5(영문판)

신연경, 김혜성 지음 |
국배판 | 208쪽 |
11,000원

플래시 CS6(영문판)

오연주 지음 |
국배판 | 232쪽 |
11,000원

파워포인트 2013

오연주 지음 |
국배판 | 200쪽 |
11,000원

파워포인트 2016

장미희 지음 |
국배판 | 216쪽 |
10,000원

독자 여러분에게 보다 쉽고도 친근하게 다가갈 수 있도록 정성을 다했습니다.

윈도우7+인터넷

안영희 지음 |
국배판 | 212쪽 |
11,000원

한글 2010

안영희 지음 |
국배판 | 196쪽 |
11,000원

한글 2014

안영희 지음 |
국배판 | 208쪽 |
10,000원

엑셀 2010

이형범 지음 |
국배판 | 208쪽 |
10,000원

엑셀 2013

김민하 지음 |
국배판 | 224쪽 |
11,000원

엑셀 2016

장미희 지음 |
국배판 | 220쪽 |
10,000원

한글 포토샵 CC

New My Love 시리즈

2018년 2월 11일 초판 1쇄 인쇄
2018년 2월 21일 초판 1쇄 발행

펴낸곳   (주) 교학사

펴낸이   양진오

주 소   (공장)서울특별시 금천구 가산디지털1로 42 (가산동)
        (사무소)서울특별시 마포구 마포대로14길 4 (공덕동)

전 화   02-707-5314(편집), 02-839-2505/707-5147(영업)

팩 스   02-707-5316(편집), 02-839-2728(영업)

등 록   1962년 6월 26일 〈18-7〉

문 의   sj_teacher@nate.com

교학사 홈페이지 http://www.kyohak.co.kr

책을 만든 사람들
저 자 l 김수진
기 획 l 교학사 정보산업부
진 행 l 교학사 정보산업부
디자인 l 교학사 정보산업부